CB082544

Poesia de Ricardo Reis

Poesia de Ricardo Reis

Fernando Pessoa

MARTIN CLARET

Apresentação

Ricardo Reis enfrenta Cronos

Jean Pierre Chauvin[1]

> [...] *por agora o hotel bastará, lugar neutro, sem compromisso, de trânsito e vida suspensa*
> (José Saramago)[2]

Em 1984, praticamente meio século após a morte do poeta Fernando Pessoa (1888-1935),[3] seu conterrâneo José Saramago (1922-2010) decidiu-se a completar a lacuna biográfica de Ricardo Reis: o único heterônimo pessoano sem data de falecimento. No romance *O ano da morte de Ricardo Reis*, ele foi transformado em personagem e apresentado como passageiro de uma embarcação inglesa que acabava de regressar a Lisboa, dezesseis anos após sua partida para o Rio de Janeiro.

---

[1] Professor Livre-Docente da Escola de Comunicações e Artes, Universidade de São Paulo, onde leciona *Cultura e Literatura Brasileira*. Contato: tupiano@usp.br

[2] José Saramago. *O ano da morte de Ricardo Reis*. São Paulo: Companhia das Leras, 1988, p. 18.

[3] Cf. João Gaspar Simões, "Cronologia da vida e da obra de Fernando Pessoa" In: Fernando Pessoa, *Obra Poética*. 12a ed. reimp. da 3a ed Rio de Janeiro: Nova Aguilar, 1992, pp. 61 e ss.

A referência ao Brasil, que foi o maior Estado do Reino Português por mais de três séculos,[4] é um dado curioso na biografia ficcional de Ricardo Reis e pode sugerir o desapego à pátria; eventualmente, o desejo de se construir a vida longe de seu país. De todo modo, contrariando o que sugerem seus versos, no romance o poeta não vive sob o abrigo das montanhas, prados e rios; passa os dias a circular pelas ruas da capital portuguesa, hospedado num hotel próximo ao rio Tejo. É digno de nota que Saramago tenha ficcionalizado com maestria o que já era produto da prodigiosa invenção de Pessoa.

Isso diz muito sobre as fronteiras móveis da arte de escrever, seja em verso, seja em prosa. Especialmente quando estamos a falar sobre Fernando Pessoa, caso extraordinário. Estamos a lidar com um autor que se comprazia em assumir múltiplas personalidades — pelo menos cento e trinta e seis[5] — cada uma delas materializada em sujeitos que exerciam diferentes ofícios e manifestavam variadas percepções sobre a existência humana. Maria Aliete Galhoz observou que:

> Fernando Pessoa morreu quase completamente ignorado do grande público e não podia deixar de ser assim, pela natureza das suas criações, escapando à inteligibilidade fácil exigida pelo leitor comum e

---

[4] Como se sabe, entre 1500 e 1822, o território foi uma extensão do reino de Portugal, em meio a disputas com Espanha, Holanda e França.

[5] Cf. Jerónimo Pizarro; Patrício Ferrari. *136 pessoas de Pessoa*. Rio de Janeiro: Tinta da China, 2017.

renunciando deliberadamente ao código de inspiração naturalista-amorosa que norteava a lírica de então.[6]

Vale lembrar que a coexistência de entidades de múltipla natureza e dicção ligava-se ao caráter multifacetado do próprio poeta: "Sou como um quarto com inúmeros espelhos fantásticos que torcem para reflexões falsas uma central realidade que não está em nenhum e está em todos. Como o panteísta se sente onda astro e flor, eu sinto-me vários seres".[7] Ao estabelecer um paralelo com os seres que cultivavam o panteão (ou seja, a morada dos deuses), Fernando Pessoa reforçou o diálogo entre o ortônimo e Ricardo Reis. Ao sugerir a "onda", o "astro" e a "flor" como símbolos da existência possível, o poeta abarca três elementos, situados nos respectivos planos (água, ar e terra), o que sugere a importância de viver com simplicidade, em meio à natureza, antepondo-se aos artifícios da cidade.

De acordo com as anotações do escritor (que constam de uma carta por ele enviada a um amigo,[8] além de textos

---

[6] "Fernando Pessoa, Encontro de Poesia" In: Fernando Pessoa, *op. cit.*, p. 16.

[7] *Escritos autobiográficos, automáticos e reflexão pessoal*. São Paulo: A Girafa Editora, 2006, p. 151.

[8] "Ricardo Reis nasceu em 1887 (não me lembro do dia e do mês, mas tenho-os algures), no Porto, é médico e está presentemente no Brasil. Alberto Caeiro nasceu em 1889 e morreu em 1915; nasceu em Lisboa[,] mas viveu quase toda a sua vida no campo. Não teve profissão, nem educação quase alguma. Álvaro de Campos nasceu em Tavira, no dia 15 de outubro de 1890 (às 1.30 da tarde, diz-me o Ferreira Gomes; e é verdade, pois, feito o horóscopo para essa hora, está certo). Este, como sabe, é engenheiro naval (por Glasgow), mas agora está aqui em Lisboa em inactividade" (Carta para Adolfo Casais Monteiro, escrita por Fernando Pessoa em 13 de janeiro de 1935).

esparsos), seu heterônimo Ricardo Reis teria nascido no Porto (lugar de passagem) em 1887 (um ano antes do nascimento de Fernando Pessoa). De formação jesuíta, era médico e simpático à Monarquia (isso explicaria o sobrenome Reis?). Homem lido, sabia latim e conhecia bem a cultura grega. Não por acaso, o heterônimo disseminava preceitos caros aos filósofos estoicos,[9] especialmente a necessidade de dominar as paixões: "Sem amores, nem ódios, nem paixões que levantam a voz, / Nem invejas que dão movimento demais aos olhos" (12-6-1914).

Leitor de Horácio,[10] Ricardo Reis adota lugares--comuns que orientavam a composição da poesia árcade, afiliada ao gênero lírico e com temática bucólica, produzida em Portugal desde o século XVIII. Nos manuais de literatura, a poesia daquele tempo passou a ser reduzida a uma série de tópicas, tais como *fugere urbem* (fugir da cidade) e *carpe diem*[11] (colher/aproveitar o dia) em

---

[9] Atribui-se a Zenão de Cício (335-264 a.C.) a fundação dessa escola, aproximadamente no ano 300 a.C. Ela se orientava pela "condenação total de todas as emoções e exaltação da apatia como ideal do sábio" (Nicola Abbagnano, *Dicionário de Filosofia*. Coordenação da Tradução: Alfredo Bosi e Ivone Castilho Benedetti. São Paulo: Martins Fontes, 2007, p. 438).

[10] Quinto Horácio Flaco (65 - 8 a.C.) foi um pensador simpático ao Epicurismo, além de poeta, autor de *Carta aos Pisões* — cujos preceitos comparecem e orientam a poesia de Alberto Caeiro e Ricardo Reis (Cf. Dante Tringali. *A Arte Poética de Horácio*. São Paulo: Musa Editora, 1993).

[11] "Horaciano, [Ricardo Reis] prega o seu *carpe diem* em odes sáficas e alcaicas. Esmerado na linguagem, elabora a sintaxe, é conciso, elíptico e usa um vocabulário levemente alatinado" (Celso Luft. *Dicionário de Literatura Portuguesa e Brasileira*. Porto Alegre: Editora Globo, 1967, p. 279).

um *locus amoenus* (lugar tranquilo). Além disso, como o heterônimo recusava a primazia de Jesus Cristo sobre os antigos deuses, sugeria o paganismo como a atitude mais compatível e coerente com o espírito do homem livre, que não agia como refém da culpa e do sofrimento:

> Vê de longe a vida.
> Nunca a interrogues,
> Ela nada pode
> Dizer-te. A resposta
> Está além dos deuses."
> (1-7-1916)

Um dado curioso é que as odes se situam entre 12 de junho de 1914 e 13 de novembro de 1935, o que pode indicar que Fernando Pessoa não teve tempo de fixar a data da morte de Ricardo Reis — diferentemente do modo como procedera em relação aos demais heterônimos. Repare-se que seus últimos versos antecedem em dezessete dias o falecimento do próprio Pessoa. Cento e vinte e seis poemas ilustram a concepção de um sujeito que teme o destino e tem como meta desprender-se das ordinárias ambições humanas, como a riqueza, a glória e, mesmo o amor que aprisiona: "Pouco usamos do pouco que mal temos. / A obra cansa, o ouro não é nosso" (11-7-1914).

Observando-se as figuras invocadas pelo enunciador, Lídia é sua principal interlocutora, a quem escreve sob a forma de versos dialogados, como se estivessem a conversar em um local propício para aproveitar a calma, mas também colher os estímulos sugeridos pela natureza: "Vem sentar-te comigo, Lídia, à beira do rio"

(12-6-1914). Ao recorrer a esse expediente, Ricardo Reis reproduz o procedimento adotado em Teócrito, Virgílio, Horácio, mas também nos poetas que viveram entre os séculos XVI e XVIII, de Camões a Correia Garção.

A essa altura, o leitor poderá afirmar que a poesia de Ricardo Reis lembra a obra de Albero Caeiro, no que fará acerto. Mas não podemos perder suas diferenças de vista. Jacinto Prado Coelho, um dos primeiros estudiosos da poesia pessoana, reparou que havia diferenças essenciais entre os heterônimos Alberto Caeiro e Ricardo Reis: "[...] o Caeiro ideal é o homem ingênuo, aberto, expansivo, contente por natureza", enquanto Reis "é um homem de ressentimento e cálculo, um homem que se faz como faz laboriosamente o estilo".[12]

De fato, nota-se que Ricardo Reis soa mais amargo que seu antecessor, a quem chama por "mestre", o que parece contagiar a dicção mais melancólica de seus versos. Não resta dúvida de que conteúdo e estilo são ingredientes essenciais para interpretar sua poesia, já que determinados elementos são selecionados pelo autor (Fernando Pessoa), de modo a aproximar o léxico, o cenário descrito e a elocução empregada pela *persona* poética atrelada a Ricardo Reis. Por essa razão, muitos de seus versos sugere a imagem de um homem humilde e sábio que busca a satisfação pelo sinal de menos:

Inutilmente parecemos grandes.
Salvo nós nada pelo mundo fora

---

[12] Jacinto do Prado Coelho. *Diversidade e unidade em Fernando Pessoa*. São Paulo: Verbo; Edusp, 1977, p. 37-38

Nos saúda a grandeza
Nem sem querer nos serve.
(8-10-1914)

É o que também podemos reparar em: "Que vale o César que serias? Goza / Bastar-te o pouco que és" (27-9-1931).[13] Esse dado é relevante, pois, na "Nota Preliminar" ao livro, atribuída a Álvaro de Campos, esse heterônimo ressalta "Que quando é alto e régio o pensamento, 'Súbdita a frase o busca / E o escravo ritmo o serve'."

Em Ricardo Reis, alterna-se a quantidade de sílabas métricas e a própria extensão do poema, o que confere maior relevo à sonoridade. Manuela Parreira da Silva considera que, "O modelo sintático horaciano é, com certeza, o que melhor se adequa à poética de Reis, fundamentada numa disciplina que age ao nível do ritmo".[14] Há versos com número variado de sílabas métricas, que parecem reproduzir uma das prerrogativas vigentes desde a Antiguidade, na Grécia: [...] inicialmente, a ode

---

[13] No século XIII, a chamada *Rota Virgilli* (Roda de Virgílio) passou a circular em mosteiros e pequenos círculos da nobreza. Tratava-se da representação em forma de círculo dos três níveis afetados pelo versejador, com base na obra do poeta Virgílio: o baixo (ou humilde), o medíocre (ou temperado) e o elevado (ou sublime). A cada um desses modos corresponderia determinado repertório de palavras, ambientes e objetos, com vistas a fortalecer a imagem das personagens descritas nos poemas, respectivamente o camponês, o lavrador ou o heroi. (Cf. João Adolfo Hansen, "Notas sobre o gênero épico" In: Ivan Teixeira (Org), *Épicos*. São Paulo: Edusp; Imprensa Oficial do Estado de São Paulo, 2008).

[14] Manuela Parreira da Silva. "Ricardo Reis". In: Fernando Cabral Martins (coord.). *Dicionário de Fernando Pessoa e do Modernismo Português*. São Paulo: Leya, 2010, p. 719.

consistia num poema destinado ao canto. Sinônimo, pois, de canção, reduzia-se a um cantar monódico, interpretado pelo próprio autor". No século VI a.C., a ode constituía "uma forma poética" que incorporava "versos de metros variados, de acordo com os efeitos musicais e emocionais pretendidos".[15]

Ricardo Reis é considerado um conhecedor da cultura helênica e da poesia latina. Dentre os temas mais caros ao poeta, há constantes menções a Cronos,[16] aliás desde a primeira ode do volume. Por sinal, o heterônimo admite que: "Não se resiste / Ao deus atroz / Que os próprios filhos / Devora sempre" (12-6-1914). O cultivo à tradição leva-o a questionar a supremacia de Jesus entre os homens de fé: "Não matou outros deuses/O triste deus cristão. / Cristo é um deus a mais, / Talvez um que faltava" (12-6-1914).

Para além da questão religiosa, Reis é figurado como um indivíduo de hábitos simples e sólidos conhecimentos, o que mostra que, em seu caso, a sabedoria condiz com a humildade. Avesso aos artifícios comuns à vida urbana, ele contesta a posse de bens, o renome e o sofrimento por amor: "A riqueza é um metal, a glória é um eco / E o amor uma sombra." (6-6-1915). Representado como um sujeito cujo maior desejo é descontar do tempo concedido o gozo tranquilo da existência, ele renega sustentar o peso da moral.

---

[15] Massaud Moisés. "Odes". In: ——. *Dicionário de Termos Literários*. 11ª ed. São Paulo: Cultrix, 2002, p. 372.

[16] De acordo com a mitologia grega, Cronos era a representação personificada do tempo e devorava os próprios filhos. (Pierre Grimal, *Dicionário da Mitologia Grega e Romana*. 7a ed. Tradução: Victor Jabouille. Rio de Janeiro: Bertrand Brasil, 2014).

Em determinado momento, o heterônimo conta a história de dois enxadristas da Pérsia (país em que o jogo talvez tenha sido inventado), que prosseguem alternando lances da partida, enquanto sua cidade era queimada e saqueada por invasores. O relato serve como argumento para que ajamos de modo similar aos jogadores:

> Meus irmãos em amarmos Epicuro[17]
> E o entendermos mais
> De acordo com nós-próprios que com ele,
> Aprendamos na história
> Dos calmos jogadores de xadrez
> Como passar a vida.
> (1-6-1916)

Coerente com a sua concepção de mundo, Ricardo Reis defende a flor frente à destruição; a sensibilidade versus a bravura: "Prefiro rosas, meu amor, à pátria. / E antes magnólias amo / Que a glória e a virtude" (1-6-1916). Em outro poema, sugere manter o prumo e cultivar as pequenas coisas: "Segue o teu destino, / Rega as tuas plantas, / Ama as tuas rosas. / O resto é sombra / De árvores alheias" (1-7-1916).

Importa notar que o teor de seus versos o distancia muito do ortônimo pessoano — especialmente em *Mensagem*: livro que celebra o passado português e defende a importância do país no futuro. Como interpretar a preferência por rosas em detrimento da pátria?

---

[17] Epicuro de Samos viveu na Grécia entre 341 e 270 a.C. Sua doutrina consistia em evitar-se o sofrimento, tanto o físico (*aponia*) quanto o da alma (*ataraxia*) [Cf. Nicola Abbagnano, *op. cit.*].

Explica-se: as rosas não são quiméricas como a noção de patriotismo. Pelo contrário, fincada à terra pelas raízes, a rosa representa concretude. Afinal, as flores são tangíveis; ademais, têm cor, aspecto e aroma. O cultivo da rosa enaltece a ação presente (não os feitos do passado, nem as esperanças no futuro).

Eis outra maneira de o enunciador resgatar a tópica horaciana do *carpe diem*. Desconfiado de que a passagem do tempo corrompe os homens, Ricardo Reis faz constantes súplicas às deidades pagãs para que ele usufrua as experiências ao máximo: "Tudo quanto me ameace de mudar-me / Para melhor que seja, odeio e fujo. / Deixem-me os deuses minha vida sempre/Sem renovar" (25.5.1917). No que diz respeito ao espaço, nem sempre a imensidão sugerida pela paisagem conforta o poeta:

> Olho os campos, Neera,
> Campos, campos, e sofro
> Já o frio da sombra
> Em que não terei olhos
> (25-12-1923)

A repetição da palavra "campos" sugere a amplitude da paisagem, mas também anuncia a saudade antecipada do poeta. Ao lado dela, representa-se a passagem do tempo: talvez a principal constante na obra de Ricardo Reis. Por isso, em diversos momentos, o cultivo do amor está embutido na antiga fórmula de que ele (o amor) seria o antídoto mais poderoso contra a morte: "Lídia, a vida mais vil antes que a morte" (25-1-1928). O retrato de um homem sepultado reforça a necessidade de que se viva intensamente: "A nada imploram tuas mãos já coisas, / Nem convencem teus lábios já parados, / No abafo subterrâneo / Da úmida imposta terra" (5-1927).

O lirismo presente nos poemas do heterônimo traduzem o estado de alma da *persona* poética, o que nos permitiria evocar numerosos sonetos de Luís de Camões. Repare-se como os versos "Ninguém a outro ama, senão que ama / O que de si há nele, ou é suposto" (10-8-1932), de Ricardo Reis, dialogam com estes, de Camões:

> Transforma-se o amador na cousa amada,
> Por virtude do muito imaginar:
> Não tenho, logo, mais que desejar,
> Pois em mi[m] tenho a parte desejada.[18]

Como Reis nega uma concepção meramente dualista do universo, ele frequentemente sugere que trilhemos sendas intermediárias entre os limites extremos da moral, em que o acaso é o senhor: "A justiça: uns faz altos / O fado, outros felizes. / Nada é prêmio: sucede o que acontece" (20-11-1928). Antes de tudo está o pressuposto de que nossos sofrimentos nascem das ambições materiais: "Quer pouco: terás tudo. / Quer nada: serás livre" (1-11-1930).

Outro traço curioso das odes está na perceptível mudança de tom do enunciador, que se verifica particularmente nos versos escritos a partir de 1931. Dentre eles encontra-se este, em que o poeta relembra os ensinamentos dos filósofos estoicos, que pregavam a vida

---

[18] Luís de Camões. "Soneto 96". In: _____. *Obra Completa*. 5ª reimp. Rio de Janeiro: 2008, Nova Aguilar, p. 301.

simples e o cultivo do temperamento moderado em meio à natureza:

> Sim, sei bem
> Que nunca serei alguém.
> Sei de sobra
> Que nunca terei uma obra.
> Sei, enfim,
> Que nunca saberei de mim.
> Sim, mas agora,
> Enquanto dura esta hora,
> Este luar, estes ramos,
> Esta paz em que estamos,
> Deixem-me crer
> O que nunca poderei ser.
> (8-7-1931)

Simulando o discurso humilde de um *Eu* ora otimista, ora resignado, Ricardo Reis recomenda o equilíbrio, a manutenção das virtudes ao evocar outro célebre ensinamento da antiguidade.[19] Isso envolve o modo virtuoso de ser...

> Para ser grande, sê inteiro: nada
> Teu exagera ou exclui.

---

[19] O princípio de que "a virtude está no meio" costuma ser atribuído a Aristóteles, que viveu entre 384 e 322 a.C. (Cf. *Ética a Nicômamo*. 4ª ed. Tradução: Edson Bini. Bauru: Edipro, 2014). Esse preceito escora o pensamento de Ricardo Reis, que reiterava a maneira ponderada de proceder, em harmonia com a temperança do espírito.

Sê todo em cada coisa. Põe quanto és
No mínimo que fazes
(14-2-1933)

...e o modo de agir:

Não quieto nem inquieto meu ser calmo
Quero erguer alto acima de onde os homens
Têm prazer ou dores"
(13-11-1935)

Os versos aplicam outro preceitos de Horácio, para quem, "em certos assuntos se concede, com razão, o médio e o tolerável".[20] Perceba-se que viver virtuosamente combina-se ao *carpe diem*: "Em que vivemos, morremos. Colhe / O dia, porque és ele". (19-11-1933). De certo modo, o enunciador concebe o mundo pragmaticamente, o que se combina ao caráter didático de seus versos. Isso explicaria o fato de os poemas trazerem conselhos, como se resultassem das experiências de um autor que compartilhasse, o mais honestamente possível, o que sente e aprendeu.

Entretanto, é preciso ressaltar que poesia é artifício. Por isso mesmo, devemos considerar outro dado fundamental: o fato de Ricardo Reis reunir mais de uma *persona*.[21] É como se, pelo seu intermédio, o escritor

---

[20] Horácio *apud* Dante Tringali, op. cit, 1993, p. 35.
[21] Ou seja, várias facetas de uma mesma pessoa, o que sugere a performance de diversos papéis. (Cf. Raúl Castagnino, *Análise literária*. Tradução: Luiz Aparecido Caruso. São Paulo: Editora Mestre Jou, 1968).

Fernando Pessoa desdobrasse, na poesia do seu heterônimo, a condição multifacetada e, portanto, incompleta e provisória, do ortônimo:

> Vivem em nós inúmeros;
> Se penso ou sinto, ignoro
> Quem é que pensa ou sente.
> Sou somente o lugar
> Onde se sente ou pensa.
> Tenho mais almas que uma.
> Há mais eus do que eu mesmo."
> (13-11-1935)

Acima de tudo, os versos de Ricardo Reis suscitam questionamentos que beiram a melhor filosofia. Sendo a devoração do tempo algo com que não se pode lutar, assumir múltiplas identidades permitiria viver mais intensamente e potencializar a cota de tempo concedida pelos deuses? É possível que sim. Nesse sentido, assumir múltiplas faces talvez seja um meio de acumular vidas e alternar vários registros de coexistência perante Cronos.

Eis uma produtiva hipótese a considerar, levando em conta os limites de nosso tempo superindividualista, calcado no imediatismo das respostas, na superficialidade geral, na ambição desmedida e no lucro a qualquer custo. Também sob essa perspectiva, a poesia de Ricardo Reis pode constituir um eficiente antídoto, pois problematiza a condição instável do homem. Em nossos dias, quando o ritmo acelerado se confunde com a produtividade, a arte de contemplar paisagens e relembrar a condição humana parece cada vez mais necessária.

Nota Preliminar*

O nosso Ricardo Reis teve uma inspiração feliz se é que ele usa inspiração, pelo menos por fora das explicações, quando reduziu a seis linhas a sua arte poética:

Não a arte poética, mas a sua. Que ele ponha na mente ativa o esforço só da "altura" (seja isso o que for), concedo, se bem que me pareça estreita uma poesia limitada ao pouco espaço que é próprio dos píncaros. Mas a relação entre a altura e os versos de um certo número de sílabas é-me mais velada. E, é curioso, o poema, salvo a história da altura, que é pessoal, e por isso fica com o Reis, que aliás a guarda para si, é cheio de verdade:

Que quando é alto e régio o pensamento

Súdita a frase o busca
E o escravo ritmo o serve.

Ressalvando que pensamento deve ser emoção, e, outra vez, a tal altura, e certo que, concebida fortemente a emoção, a frase que a define espontaneíza-se, e o ritmo que a traduz surge pela frase fora. Não concedo, porém, que as emoções, nem mesmo as do Reis, sejam universalmente obrigadas a odes sáficas ou alcaicas, e que o Reis, quer diga a um rapaz que lhe não fuja, quer

---

* Apontamento solto de Álvaro de Campos (?); s.d.; não assinado.

diga que tem pena de ter que morrer, o tenha forçosamente que fazer em frases súditas que por duas vezes são mais compridas e por duas vezes mais curtas, e em ritmos escravos que não podem acompanhar as frases súditas senão em dez sílabas para as duas primeiras, e em seis sílabas as duas segundas, num graduar de passo desconcertante para a emoção.

Não censuro o Reis mais que a outro qualquer poeta. Aprecio-o, realmente, e para falar verdade, acima de muitos, de muitíssimos. A sua inspiração é estreita e densa, o seu pensamento compactamente sóbrio, a sua emoção real se bem que demasiadamente virada para o ponto cardeal chamado Ricardo Reis. Mas é um grande poeta — aqui o admito —, se é que há grandes poetas neste mundo fora do silêncio de seus próprios corações.

Abreviaturas e sinais convencionais usados na fixação do texto e nas notas

☐ — espaço deixado em branco pelo autor

[.] — palavra ilegível (a cada palavra corresponde um ponto)

[?] — palavra de leitura duvidosa

dact. — texto dactiloscrito

ms. — texto manuscrito

r. — reto

s. atrib. — sem atribuição de autoria (a Ricardo Reis)

s/d — sem data

sobrep. — (variante) sobreposta

subp. — (variante) subposta

v. — verso

var. — variante

Poesia de
Ricardo Reis

Parte I
Odes – Livro Primeiro

I

Seguro assento na coluna firme
    Dos versos em que fico,
Nem temo o influxo inúmero futuro
    Dos tempos e do olvido;
Que a mente, quando, fixa, em si contempla
    Os reflexos do mundo,
Deles se plasma torna, e à arte o mundo
    Cria, que não a mente.
Assim na placa o externo instante grava
    Seu ser, durando nela.

II

As rosas amo dos jardins de Adónis,
Essas volucres amo, Lídia, rosas,
    Que em o dia em que nascem,
    Em esse dia morrem.
A luz para elas é eterna, porque
Nascem nascido já o sol, e acabam
    Antes que Apolo deixe
    O seu curso visível.
Assim façamos nossa vida um dia,
Inscientes, Lídia, voluntariamente
    Que há noite antes e após
    O pouco que duramos.

III

O mar jaz; gemem em segredo os ventos
    Em Eolo cativos;
Só com as pontas do tridente as vastas
    Águas franze Netuno;
E a praia é alva e cheia de pequenos
    Brilhos sob o sol claro.
Inutilmente parecemos grandes.
    Nada, no alheio mundo,
Nossa vista grandeza reconhece
    Ou com razão nos serve.
Se aqui de um manso mar meu fundo indício
    Três ondas o apagam,
Que me fará o mar que na atra praia
    Ecoa de Saturno?

IV

Não consentem os deuses mais que a vida.
Tudo pois refusemos, que nos alce
    A irrespiráveis píncaros,
    Perenes sem ter flores.
Só de aceitar tenhamos a ciência,
E, enquanto bate o sangue em nossas fontes,
    Nem se engelha conosco
    O mesmo amor, duremos,
Como vidros, às luzes transparentes
E deixando escorrer a chuva triste,
    Só mornos ao sol quente,
    E refletindo um pouco.

V

Como se cada beijo
Fora de despedida,
Minha Cloe, beijemo-nos, amando.
Talvez que já nos toque
No ombro a mão, que chama
À barca que não vem senão vazia;
E que no mesmo feixe
Ata o que mútuos fomos
E a alheia soma universal da vida.

VI

O ritmo antigo que há em pés descalços,
Esse ritmo das ninfas repetido,
Quando sob o arvoredo
Batem o som da dança,
Vós na alva praia relembrai, fazendo,
Que scura a spuma deixa; vós, infantes,
Que inda não tendes cura
De ter cura, reponde
Ruidosa a roda, enquanto arqueia Apolo,
Como um ramo alto, a curva azul que doura,
E a perene maré
Flui, enchente ou vazante.

VII

Ponho na altiva mente o fixo esforço
    Da altura, e à sorte deixo,
    E as suas leis, o verso;
Que, quando é alto e régio o pensamento,
    Súdita a frase o busca
    E o scravo ritmo o serve.

VIII

Quão breve tempo é a mais longa vida
E a juventude nela! Ah!, Cloe, Cloe,
    Se não amo, nem bebo,
    Nem sem querer não penso,
Pesa-me a lei inimplorável, dói-me
A hora invita, o tempo que não cessa,
    E aos ouvidos me sobe
    Dos juncos o ruído
Na oculta margem onde os lírios frios
Da ínfera leiva crescem, e a corrente
    Não sabe onde é o dia,
    Sussurro gemebundo.

IX

Coroai-me de rosas,
Coroai-me em verdade
    De rosas —
Rosas que se apagam

Em fronte a apagar-se
    Tão cedo!
Coroai-me de rosas
E de folhas breves.
    E basta.

X

Melhor destino que o de conhecer-se
Não frui quem mente frui. Antes, sabendo
    Ser nada, que ignorando:
    Nada dentro de nada.
Se não houver em mim poder que vença
As Parcas três e as moles do futuro,
    Já me deem os deuses
    O poder de sabê-lo;
E a beleza, incriável por meu sestro,
Eu goze externa e dada, repetida
    Em meus passivos olhos,
    Lagos que a morte seca.

XI

Temo, Lídia, o destino. Nada é certo.
Em qualquer hora pode suceder-nos
    O que nos tudo mude.
Fora do conhecido é estranho o passo
Que próprio damos. Graves numes guardam
    As lindas do que é uso.
Não somos deuses; cegos, receemos,

E a parca dada vida anteponhamos
 À novidade, abismo.

XII

A flor que és, não a que dás, eu quero.
Porque me negas o que te não peço.
 Tempo há para negares
 Depois de teres dado.
Flor, sê-me flor! Se te colher avaro
A mão da infausta esfinge, tu perene
 Sombra errarás absurda,
 Buscando o que não deste.

XIII

Olho os campos, Neera,
Campos, campos, e sofro
Já o frio da sombra
Em que não terei olhos.
A caveira antessinto
Que serei não sentindo,
Ou só quanto o que ignoro
Me incógnito ministre.
E menos ao instante
Choro, que a mim futuro,
Súdito ausente e nulo
Do universal destino.

XIV

De novo traz as aparentes novas
Flores o verão novo, e novamente
    Verdesce a cor antiga
    Das folhas redivivas.
Não mais, não mais dele o infecundo abismo,
Que mudo sorve o que mal somos, torna
    À clara luz superna
    A presença vivida.
Não mais; e a prole a que, pensando, dera
A vida da razão, em vão o chama,
    Que as nove chaves fecham
    Da Estige irreversível.

O que foi como um deus entre os que cantam,
O que do Olimpo as vozes, que chamavam,
    Scutando ouviu, e, ouvindo,
    Entendeu, hoje é nada.
Tecei embora as, que teceis, grinaldas.
Quem coroais, não coroando a ele?
    Votivas as deponde,
    Fúnebres sem ter culto.
Fique, porém, livre da leiva e do Orco,
A fama; e tu, que Ulisses erigira,
    Tu, em teus sete montes,
    Orgulha-te materna,
Igual, desde ele, às sete que contendem
Cidades por Homero, ou alcaica Lesbos,
    Ou heptápila Tebas,
    Ogígia mãe de Píndaro.

XV

Este, seu scasso campo ora lavrando,
Ora, solene, olhando-o com a vista
De quem a um filho olha, goza incerto
    A não-pensada vida.
Das fingidas fronteiras a mudança
O arado lhe não tolhe, nem o empece
Per que concílios se o destino rege
    Dos povos pacientes.
Pouco mais no presente do futuro
Que as ervas que arrancou, seguro vive
A antiga vida que não torna, e fica,
    Filhos, diversa e sua.

XVI

Tuas, não minhas, teço estas grinaldas,
Que em minha fronte renovadas ponho.
    Para mim tece as tuas,
    Que as minhas eu não vejo.
Se não pesar na vida melhor gozo
Que o vermo-nos, vejamo-nos, e, vendo,
    Surdos conciliemos
    O insubsistente surdo.
Coroemo-nos pois uns para os outros,
E brindemos uníssonos à sorte
    Que houver, até que chegue
    A hora do barqueiro.

XVII

Não queiras, Lídia, edificar no spaço
Que figuras futuro, ou prometer-te
Amanhã. Cumpre-te hoje, não sperando.
    Tu mesma és tua vida.
Não te destines, que não és futura.
Quem sabe se, entre a taça que esvazias,
E ela de novo enchida, não te a sorte
    Interpõe o abismo?

XVIII

Saudoso já deste verão que vejo,
Lágrimas para as flores dele emprego
    Na lembrança invertida
    De quando hei de perdê-las.
Transpostos os portais irreparáveis
De cada ano, me antecipo a sombra
    Em que hei de errar, sem flores,
    No abismo rumoroso.
E colho a rosa porque a sorte manda.
Marcenda, guardo-a; murche-se comigo
    Antes que com a curva
    Diurna da ampla terra.

XIX

Prazer, mas devagar,
Lídia, que a sorte àqueles não é grata
    Que lhe das mãos arrancam.
Furtivos retiremos do horto mundo
    Os depredandos pomos.
Não despertemos, onde dorme, a Erínis
    Que cada gozo trava.
Como um regato, mudos passageiros,
    Gozemos escondidos.
A sorte inveja, Lídia. Emudeçamos.

XX

Cuidas, ínvio, que cumpres, apertando
Teus infecundos, trabalhosos dias
    Em feixes de hirta lenha,
    Sem ilusão a vida.
A tua lenha é só peso que levas
Para onde não tens fogo que te aqueça,
    Nem sofrem peso aos ombros
    As sombras que seremos.
Para folgar não folgas; e, se legas,
Antes legues o exemplo, que riquezas,
    De como a vida basta
    Curta, nem também dura.
Pouco usamos do pouco que mal temos.
A obra cansa, o ouro não é nosso.
    De nós a mesma fama
    Ri-se, que a não veremos

Quando, acabados pelas Parcas, formos,
Vultos solenes, de repente antigos,
    E cada vez mais sombras,
    Ao encontro fatal —
O barco escuro no soturno rio,
E os nove abraços da frieza stígia
    E o regaço insaciável
    Da pátria de Plutão.

Parte II
Odes e outros poemas

1

Mestre, são plácidas
Todas as horas
Que nós perdemos,
Se no perdê-las,
Qual numa jarra,
Nós pomos flores.

Não há tristezas
Nem alegrias
Na nossa vida.
Assim saibamos,
Sábios incautos,
Não a viver,

Mas decorrê-la,
Tranquilos, plácidos,
Tendo as crianças
Por nossas mestras,
E os olhos cheios
De Natureza...

À beira-rio,
À beira-estrada,
Conforme calha,
Sempre no mesmo
Leve descanso
De estar vivendo.

O tempo passa,
Não nos diz nada.
Envelhecemos.
Saibamos, quase
Maliciosos,
Sentir-nos ir.

Não vale a pena
Fazer um gesto.
Não se resiste
Ao deus atroz
Que os próprios filhos
Devora sempre.

Colhamos flores.
Molhemos leves
As nossas mãos
Nos rios calmos,
Para aprendermos
Calma também.

Girassóis sempre
Fitando o sol,
Da vida iremos
Tranquilos, tendo
Nem o remorso
De ter vivido.

12-6-1914

2

O deus Pã não morreu,
Cada campo que mostra
Aos sorrisos de Apolo
Os peitos nus de Ceres —
Cedo ou tarde vereis
Por lá aparecer
O deus Pã, o imortal.

Não matou outros deuses
O triste deus cristão.
Cristo é um deus a mais,
Talvez um que faltava.
Pã continua a dar
Os sons da sua flauta
Aos ouvidos de Ceres
Recumbente nos campos.

Os deuses são os mesmos,
Sempre claros e calmos,
Cheios de eternidade
E desprezo por nós,
Trazendo o dia e a noite
E as colheitas douradas
Sem ser para nos dar
O dia e a noite e o trigo
Mas por outro e divino
Propósito casual.

12-6-1914

3

Os deuses desterrados,
Os irmãos de Saturno,
Às vezes, no crepúsculo
Vêm espreitar a vida.

Vêm então ter conosco
Remorsos e saudades
E sentimentos falsos.
É a presença deles,
Deuses que o destroná-los
Tornou espirituais,
De matéria vencida,
Longínqua e inativa.

Vêm, inúteis forças,
Solicitar em nós
As dores e os cansaços,
Que nos tiram da mão,
Como a um bêbedo mole,
A taça da alegria.

Vêm fazer-nos crer,
Despeitadas ruínas
De primitivas forças,
Que o mundo é mais extenso
Que o que se vê e palpa,
Para que ofendamos
A Júpiter e a Apolo.

Assim até à beira
Terrena do horizonte
Hiperion no crepúsculo
Vem chorar pelo carro
Que Apolo lhe roubou.

E o poente tem cores
Da dor dum deus longínquo,
E ouve-se soluçar
Para além das esferas...

Assim choram os deuses.

       12-6-1914

4

De Apolo o carro rodou pra fora
Da vista. A poeira que levantara
Ficou enchendo de leve névoa
O horizonte;

A flauta calma de Pã, descendo
Seu tom agudo no ar pausado,
Deu mais tristezas ao moribundo
Dia suave.

Cálida e loura, núbil e triste,
Tu, mondadeira dos prados quentes,
Ficas ouvindo, com os teus passos
Mais arrastados,

A flauta antiga do deus durando
Com o ar que cresce pra vento leve,
E sei que pensas na deusa clara
Nada dos mares,

E que vão ondas lá muito adentro
Do que o teu seio sente alheado
De quanto a flauta sorrindo chora
E estás ouvindo.

12-6-1914

5

Vem sentar-te comigo, Lídia, à beira do rio.
Sossegadamente fitemos o seu curso e aprendamos
Que a vida passa, e não estamos de mãos enlaçadas.
    (Enlacemos as mãos.)

Depois pensemos, crianças adultas, que a vida
Passa e não fica, nada deixa e nunca regressa,
Vai para um mar muito longe, para ao pé do Fado,
    Mais longe que os deuses.

Desenlacemos as mãos, porque não vale a pena cansarmo-nos.
Quer gozemos, quer não gozemos, passamos como o rio.
Mais vale saber passar silenciosamente
    E sem desassossegos grandes.

Sem amores, nem ódios, nem paixões que levantam a voz,
Nem invejas que dão movimento demais aos olhos,
Nem cuidados, porque se os tivesse o rio sempre correria,
    E sempre iria ter ao mar.

Amemo-nos tranquilamente, pensando que podíamos,
Se quiséssemos, trocar beijos e abraços e carícias,
Mas que mais vale estarmos sentados ao pé um do outro
    Ouvindo correr o rio e vendo-o.

Colhamos flores, pega tu nelas e deixa-as
No colo, e que o seu perfume suavize o momento —
Este momento em que sossegadamente não cremos em nada,
    Pagãos inocentes da decadência.

Ao menos, se for sombra antes, lembrar-te-ás de mim depois
Sem que a minha lembrança te arda ou te fira ou te mova,
Porque nunca enlaçamos as mãos, nem nos beijamos
    Nem fomos mais do que crianças.

E se antes do que eu levares o óbolo ao barqueiro sombrio,
Eu nada terei que sofrer ao lembrar-me de ti.
Ser-me-ás suave à memória lembrando-te assim — à beira-rio,
    Pagã triste e com flores no regaço.

                            12-6-1914

6

Neera, passeemos juntos
Só para nos lembrarmos disto...
Depois quando envelhecermos
E nem os deuses puderem
Dar cor às nossas faces
E mocidade aos nossos colos,

Lembremo-nos, à lareira,
Cheiinhos de pesar
O ser quebrado o fio,

Lembremo-nos, Neera,
De um dia ter passado
Sem nos termos amado...

12-6-1914

7

Ao longe os montes têm neve ao sol,
Mas é suave já o frio calmo
    Que alisa e agudece
    Os dardos do sol alto.

Hoje, Neera, não nos escondamos,
Nada nos falta, porque nada somos.
    Não esperamos nada
    E temos frio ao sol.

Mas tal como é, gozemos o momento,
Solenes na alegria levemente,
  E aguardando a morte
  Como quem a conhece.

16-6-1914

8

Só o ter flores pela vista fora
Nas áleas largas dos jardins exatos
  Basta para podermos
  Achar a vida leve.

De todo o esforço seguremos quedas
As mãos, brincando, pra que nos não tome
  Do pulso, e nos arraste.
  E vivamos assim,

Buscando o mínimo de dor ou gozo,
Bebendo a goles os instantes frescos,
  Translúcidos como água
  Em taças detalhadas,

Da vida pálida levando apenas
As rosas breves, os sorrisos vagos,
  E as rápidas carícias
  Dos instantes volúveis.

Pouco tão pouco pesará nos braços
Com que, exilados das supernas luzes,
    Scolhermos do que fomos
    O melhor pra lembrar

Quando, acabados pelas Parcas, formos,
Vultos solenes de repente antigos,
    E cada vez mais sombras,
    Ao encontro fatal

Do barco escuro no soturno rio,
E os nove abraços do horror estígio,
    E o regaço insaciável
    Da pátria de Plutão.

                          16-6-1914

9

Pobres de nós que perdemos quanto
Sereno e forte nos dava a vida
    O único modo
O único humano de a ter...
    Pobres de nós
Crianças tristes que mal se lembram
    De pai e mãe
E andam sozinhas na vida cega
    Sem ter carinhos
    Nem saber nada
De aonde vamos pela floresta,
Nem donde vimos pla estrada fora...

E somos tristes, e somos velhos,
E fracos sempre
Sem que nos sirva.

16-6-1914

10

Diana através dos ramos
Espreita a vinda de Endimion
Endimion que nunca vem,
Endimion, Endimion,
Lá longe na floresta...

E a sua voz chamando
Através dos ramos
Endimion, Endimion...

Assim choram os deuses...

16-6-1914

11

A palidez do dia é levemente dourada.
O sol de inverno faz luzir como orvalho as curvas
    Dos troncos de ramos secos.
    O frio leve treme.

Desterrado da pátria antiquíssima da minha
Crença, consolado só por pensar nos deuses,
    Aqueço-me trémulo
    A outro sol do que este —

O sol que havia sobre o Parténon e a Acrópole
O que alumiava os passos lentos e graves
    De Aristóteles falando.
    Mas Epicuro melhor

Me fala, com a sua cariciosa voz terrestre
Tendo para os deuses uma atitude também de deus,
    Sereno e vendo a vida
    À distância a que está.

                        19-6-1914

12

    Não tenhas nada nas mãos
    Nem uma memória na alma,

    Que quando te puserem
    Nas mãos o óbolo último,

    Ao abrirem-te as mãos
    Nada te cairá.

    Que trono te querem dar
    Que Átropos to não tire?

Que louros que não fanem
Nos arbítrios de Minos?

Que horas que te não tornem
Da estatura da sombra

Que serás quando fores
Na noite e ao fim da estrada?

Colhe as flores mas larga-as,
Das mãos mal as olhaste.

Senta-te ao sol. Abdica
E sê rei de ti próprio.

19-6-1914

13

Sábio é o que se contenta com o espetáculo do mundo,
    E ao beber nem recorda
    Que já bebeu na vida,
    Para quem tudo é novo
    E imarcescível sempre.

Coroem-no pâmpanos, ou heras, ou rosas volúteis,
    Ele sabe que a vida
    Passa por ele e tanto
    Corta à flor como a ele
    De Átropos a tesoura.

Mas ele sabe fazer que a cor do vinho esconda isto,
    Que o seu sabor orgíaco
    Apague o gosto às horas,
    Como a uma voz chorando
    O passar das bacantes.

E ele espera, contente quasi e bebedor tranquilo,
    E apenas desejando
    Num desejo mal tido
    Que a abominável onda
    O não molhe tão cedo.

                      19-6-1914

14

Breve o inverno virá com sua branca
    Nudez vestir os campos.
As lareiras serão as nossas pátrias
    E os contos que contarmos
Assentados ao pé do seu calor
    Valerão as canções
Com que outrora entre as verdes ervas rijas
    Dizíamos ao sol
O ave atque vale triste e alegre,
    Solenes e carpindo.
Por ora o outono está conosco ainda.
    Se ele nos não agrada
A memória do estio cotejemos
    Com a esp'rança hiemal.

E entre essas dádivas memoradas
    Rio em vales passemos.

                          17-7-1914

15

Cada coisa a seu tempo tem seu tempo.
Não florescem no inverno os arvoredos,
    Nem pela primavera
    Têm branco frio os campos.

À noite, que entra, não pertence, Lídia,
O mesmo ardor que o dia nos pedia.
    Com mais sossego amemos
    A nossa incerta vida.

À lareira, cansados não da obra
Mas porque a hora é a hora dos cansaços,
    Não puxemos a voz
    Acima de um segredo,

E casuais, interrompidas sejam
Nossas palavras de reminiscência
    (Não para mais nos serve
    A negra ida do sol).

Pouco a pouco o passado recordemos
E as histórias contadas no passado
    Agora duas vezes
    Histórias, que nos falem

Das flores que na nossa infância ida
Com outra consciência nós colhíamos
    E sob uma outra espécie
    De olhar lançado ao mundo.

E assim, Lídia, à lareira, como estando,
Deuses lares, ali na eternidade,
    Como quem compõe roupas
    O outrora componhamos

Nesse desassossego que o descanso
Nos traz às vidas quando só pensamos
    Naquilo que já fomos,
    E há só noite lá fora.

                          30-7-1914

16

Quero, Neera, que os teus lábios laves
    Na piscina tranquila
Para que contra a tua febre e a triste
    Dor que pões em viver,
Sintas a fresca e calma natureza
    Da água, e reconheças
Que não têm penas nem desassossegos
    As ninfas das nascentes
Nem mais soluços do que o som da água
    Alegre e natural.

As nossas dores, não, Neera, vêm
    Das causas naturais
Datam da alma e do infeliz fruir
    Da vida com os homens.
Aprende pois, ó aprendiza jovem
    Das clássicas delícias,
A não pôr mais tristeza que um sorriso
    No modo como vives.
Nasceste pálida, deitando a água
    Da tua vã beleza
Sobre a estólida fé das nossas mãos
    Medrosas de ter gozo
Demasiado preso à desconfiança
    Que vem de teu saber,
Não para essa vã mnemónica
    Do futuro fatal.
Façamos vívidas grinaldas várias
    De sol, flores e risos
Para ocultar o fundo fiel à Noite
    Dos nossos pensamentos
Curvado já em vida sob a ideia
    Do plutónico jugo
Cônscias já da lívida esperança
    Do caos redivivo.

                11-7-1914

17

Da nossa semelhança com os deuses
    Por nosso bem tiremos
Julgarmo-nos deidades exiladas
    E possuindo a Vida
Por uma autoridade primitiva
    E coeva de Jove.

Altivamente donos de nós-mesmos,
    Usemos a existência
Como a vila que os deuses nos concedem
    Para esquecer o estio.
Não de outra forma mais apoquentada
    Nos vale o esforço usarmos
A existência indecisa e afluente
    Fatal do rio escuro.

Como acima dos deuses o Destino
    É calmo e inexorável,
Acima de nós-mesmos construamos
    Um fado voluntário
Que quando nos oprima nós sejamos
    Esse que nos oprime,
E quando entremos pela noite dentro
    Por nosso pé entremos.

30-7-1914

18

Só esta liberdade nos concedem
    Os deuses: submetermo-nos
Ao seu domínio por vontade nossa.
    Mais vale assim fazermos
Porque só na ilusão da liberdade
    A liberdade existe.

Nem outro jeito os deuses, sobre quem
    O eterno fado pesa,
Usam para seu calmo e possuído
    Convencimento antigo
De que é divina e livre a sua vida.
    Nós, imitando os deuses,
Tão pouco livres como eles no Olimpo,
    Como quem pela areia
Ergue castelos para encher os olhos,
    Ergamos nossa vida
E os deuses saberão agradecer-nos
    O sermos tão como eles.

                30-7-1914

19

Aqui, Neera, longe
De homens e de cidades,
Por ninguém nos tolher
O passo, nem vedarem
A nossa vista as casas,
Podemos crer-nos livres.

Bem sei, ó flava, que inda
Nos tolhe a vida o corpo,
E não temos a mão
Onde temos a alma;
Bem sei que mesmo aqui
Se nos gasta esta carne
Que os deuses concederam
Ao estado antes de Averno.

Mas aqui não nos prendem
Mais coisas do que a vida,
Mãos alheias não tomam
Do nosso braço, ou passos
Humanos se atravessam
Pelo nosso caminho.

Não nos sentimos presos
Senão com pensar nisso,
Por isso não pensemos
E deixemo-nos crer
Na inteira liberdade
Que é a ilusão que agora
Nos torna iguais dos deuses.

2-8-1914

20

Da lâmpada noturna
A chama estremece
E o quarto alto ondeia.

Os deuses concedem
Aos seus calmos crentes
Que nunca lhes trema
A chama da vida
Perturbando o aspecto
Do que está em roda,
Mas firme e esguiada
Como preciosa
E antiga pedra,
Guarde a sua calma
Beleza contínua.

2-8-1914

21

Vós que, crentes em Cristos e Marias,
Turvais da minha fonte as claras águas
    Só para me falardes
    Que há águas de outra espécie

Banhando prados com melhores horas, —
Dessas outras regiões pra que falar-me
    Se estas águas e prados
    São de aqui e me bastam?

Esta realidade os deuses deram
E para bem real a deram externa.
    Que serão os meus sonhos
    Mais que a obra dos deuses?

Deixai-me a Realidade do momento
E os meus deuses tranquilos e imediatos
    Que não moram no Incerto
    Mas nos campos e rios.

Deixai-me a vida ir-se pagãmente
Acompanhada plas avenas ténues
    Com que os juncos das margens
    Se confessam de Pã.

Vivei nos vossos sonhos e deixai-me
O altar imortal onde é meu culto
    E a visível presença
    Dos meus próximos deuses.

Inúteis procos do melhor que a vida,
Deixai a vida aos crentes mais antigos
    Que Cristo e a sua cruz
    E Maria chorando.

Ceres, dona dos campos, me console
E Apolo e Vênus, e Urano antigo
    E os trovões, com o interesse
    De irem da mão de Jove.

                        9-8-1914

22

Neste dia em que os campos são de Apolo
Verde colónia dominada a ouro,
Seja como uma dança dentro em nós
    O sentirmos a vida.

Não turbulenta, mas com os seus ritmos
Que a nossa sensação como uma ninfa
Acompanhe em cadências suas a
    Disciplina da dança...

Ao fim do dia quando os campos forem
Império conquistado pelas sombras
Como uma legião que segue marcha
    Abdiquemos do dia,

E na nossa memória coloquemos,
Com um deus novo duma nova terra
Trazido, o que ficou em nós da calma
    Do dia passageiro.

                        11-8-1914

23

Aqui, sem outro Apolo do que Apolo,
Sem um suspiro abandonemos Cristo
    E a febre de buscarmos
    Um deus dos dualismos.

E longe da cristã sensualidade
Que a casta calma da beleza antiga
    Nos restitua o antigo
    Sentimento da vida.

[11-8-1914]

24

Não como ante donzela ou mulher viva
Com calor na beleza humana delas
    Devemos dar os olhos
    À beleza imortal.

Eternamente longe ela se mostra
E calma e para os calmos adorarem
    Não de outro modo é ela
    Imortal como os deuses.

Que nunca a alegria transitória
Nem a paixão que busca — porque exige
    Devemos olhar de néscios
    Olhos para a beleza.

Como quem vê um deus e nunca ousa
Amá-lo mais que como a um deus se ama
    Diante da beleza
    Façamo-nos sóbrios.

Para outra coisa não a dão os deuses
À nossa febre humana e vil da vida,

Por isso a contemplemos
Num claro esquecimento.

E de tudo tiremos a beleza
Como a presença altiva e encoberta
    Dos deuses, e o sentido
    Calmo e imortal da vida...

[11-8-1914]

25

Em Ceres anoitece.
Nos píncaros ainda
    Faz luz.

Sinto-me tão grande
Nesta hora solene
    E vã

Que, assim como há deuses
Dos campos, das flores
    Das searas,

Agora eu quisera
Que um deus existisse
    De mim.

17-9-1914

26

Antes de nós nos mesmos arvoredos
Passou o vento, quando havia vento,
    E as folhas não falavam
    De outro modo do que hoje.

Passamos e agitamo-nos debalde.
Não fazemos mais ruído no que existe
    Do que as folhas das árvores
    Ou os passos do vento.

Tentemos pois com abandono assíduo
Entregar nosso esforço à Natureza
    E não querer mais vida
    Que a das árvores verdes.

Inutilmente parecemos grandes.
Salvo nós nada pelo mundo fora
    Nos saúda a grandeza
    Nem sem querer nos serve.

Se aqui, à beira-mar, o meu indício
Na areia o mar com ondas três o apaga,
    Que fará na alta praia
    Em que o mar é o Tempo?

                              8-10-1914

27

Anjos ou deuses, sempre nós tivemos,
A visão perturbada de que acima
    De nós e compelindo-nos
    Agem outras presenças.

Como acima dos gados que há nos campos
O nosso esforço, que eles não compreendem,
    Os coage e obriga
    E eles não nos percebem,

Nossa vontade e o nosso pensamento
São as mãos pelas quais outros nos guiam
    Para onde eles querem
    E nós não desejamos.

                      16-10-1914

28

Acima da verdade estão os deuses.
A nossa ciência é uma falhada cópia
    Da certeza com que eles
    Sabem que há o Universo.

Tudo é tudo, e mais alto estão os deuses.
Não pertence à ciência conhecê-los,
    Mas adorar devemos
    Seus vultos como às flores,

Porque visíveis à nossa alta vista,
São tão reais como reais as flores
   E no seu calmo Olimpo
   São outra Natureza.

                      16-10-1914

29

   Tirem-me os deuses
   Em seu arbítrio
Superior e urdido às escondidas
    Amor, glória e riqueza.

   Tirem, mas deixem-me
   Deixem-me apenas
A consciência lúcida e solene
    Das coisas e dos seres.

   Pouco me importa
   Amor ou glória.
A riqueza é um metal, a glória é um eco
    E o amor uma sombra.

   Mas a concisa
   Atenção dada
Às formas e às maneiras dos objetos
    Tem abrigo seguro.

   Seus fundamentos
   São todo o mundo,

Seu amor é o plácido Universo,
    Sua riqueza a vida.

    A sua glória
    É a suprema
Certeza da solene e clara posse
    Das formas dos objetos.

    O resto passa,
    E teme a morte.
Só nada teme ou sofre a visão clara
    E inútil do Universo.

    Essa a si basta,
    Nada deseja
Salvo o orgulho de ver sempre claro
    Até deixar de ver.

                               6-6-1915

30

Bocas roxas de vinho,
Testas brancas sob rosas,
Nus, brancos antebraços
Deixados sobre a mesa:

Tal seja, Lídia, o quadro
Em que fiquemos, mudos,
Eternamente inscritos
Na consciência dos deuses.

Antes isto que a vida
Como os homens a vivem,
Cheia da negra poeira
Que erguem das estradas.

Só os deuses socorrem
Com seu exemplo aqueles
Que nada mais pretendem
Que ir no rio das coisas.

29-8-1915

31
Os jogadores de xadrez

Ouvi dizer que outrora, quando a Pérsia
Tinha não sei qual guerra,
Quando a invasão ardia na Cidade
E as mulheres gritavam,
Dois jogadores de xadrez jogavam
O seu jogo contínuo.

À sombra de ampla árvore fitavam
O tabuleiro antigo,
E, ao lado de cada um, esperando os seus
Momentos mais folgados,
Quando havia movido a pedra, e agora
Esperava o adversário,
Um púcaro com vinho refrescava
Sobriamente a sua sede.

Ardiam casas, saqueadas eram
As arcas e as paredes,
Violadas, as mulheres eram postas
Contra os muros caídos,
Traspassadas de lanças, as crianças
Eram sangue nas ruas...
Mas onde estavam, perto da cidade,
E longe do seu ruído,
Os jogadores de xadrez jogavam
O jogo do xadrez.

Inda que nas mensagens do ermo vento
Lhes viessem os gritos,
E, ao refletir, soubessem desde a alma
Que por certo as mulheres
E as tenras filhas violadas eram
Nessa vitória próxima,

Inda que, no momento que o pensavam,
Uma sombra ligeira
Lhes passasse na fronte alheada e vaga,
Breve seus olhos calmos
Volviam sua atenta confiança
Ao tabuleiro velho.

Quando o rei de marfim está em perigo,
Que importa a carne e o osso
Das irmãs e das mães e das crianças?
Quando a torre não cobre
A retirada da rainha alta,
Pouco importa a vitória.
E quando a mão confiada leva o xeque

Ao rei do adversário,
Pouco pesa na alma que lá longe
Estejam morrendo filhos.

Mesmo que, de repente, sobre o muro
Surja a sanhuda face
Dum guerreiro invasor, e breve deva
Em sangue ali cair
O jogador solene de xadrez,
O momento antes desse
É ainda entregue ao jogo predileto
Dos grandes indif'rentes.

Caiam cidades, sofram povos, cesse
A liberdade e a vida,
Os haveres tranquilos e avitos
Ardem e que se arranquem,
Mas quando a guerra os jogos interrompa,
Esteja o rei sem xeque,
E o de marfim peão mais avançado
Pronto a comprar a torre.

Meus irmãos em amarmos Epicuro
E o entendermos mais
De acordo com nós-próprios que com ele,
Aprendamos na história
Dos calmos jogadores de xadrez
Como passar a vida.

Tudo o que é sério pouco nos importe,
O grave pouco pese,
O natural impulso dos instintos
Que ceda ao inútil gozo

(Sob a sombra tranquila do arvoredo)
De jogar um bom jogo.

O que levamos desta vida inútil
Tanto vale se é
A glória, a fama, o amor, a ciência, a vida,
Como se fosse apenas
A memória de um jogo bem jogado
E uma partida ganha
A um jogador melhor.

A glória pesa como um fardo rico,
A fama como a febre,
O amor cansa, porque é a sério e busca,
A ciência nunca encontra,
E a vida passa e dói porque o conhece...
O jogo do xadrez
Prende a alma toda, mas, perdido, pouco
Pesa, pois não é nada.

Ah! sob as sombras que sem qu'rer nos amam,
Com um púcaro de vinho
Ao lado, e atentos só à inútil faina
Do jogo do xadrez,
Mesmo que o jogo seja apenas sonho
E não haja parceiro,
Imitemos os persas desta história,
E, enquanto lá por fora,
Ou perto ou longe, a guerra e a pátria e a vida
Chamam por nós, deixemos
Que em vão nos chamem, cada um de nós
Sob as sombras amigas

Sonhando, ele os parceiros, e o xadrez
A sua indiferença.

                        1-6-1916

32

Prefiro rosas, meu amor, à pátria,
    E antes magnólias amo
    Que a glória e a virtude.

Logo que a vida me não canse, deixo
    Que a vida por mim passe
    Logo que eu fique o mesmo.

Que importa àquele a quem já nada importa
    Que um perca e outro vença,
    Se a aurora raia sempre,

Se cada ano com a primavera
    Aparecem as folhas
    E com o outono cessam?

E o resto, as outras coisas que os humanos
    Acrescentam à vida,
    Que me aumentam na alma?

Nada, salvo o desejo de indif'rença
    E a confiança mole
    Na hora fugitiva.

                        1-6-1916

33

Felizes, cujos corpos sob as árvores
    Jazem na húmida terra,
Que nunca mais sofrem o sol, ou sabem
    Das doenças da lua.

Verta Eolo a caverna inteira sobre
    O orbe esfarrapado,
Erga Netuno, em cheias mãos, ao alto
    As ondas espumando,

Tudo lhe é nada, e o próprio pegureiro
    Que passa, finda a tarde,
Sob a árvore onde jaz quem foi a sombra
    Imperfeita de um deus,

Nao sabe que os seus passos vão coleando
    O que podia ser,
Se a vida fosse sempre a vida, a glória
    De uma imortal saudade.

                1-6-1916

34

    Segue o teu destino,
    Rega as tuas plantas,
    Ama as tuas rosas.
    O resto é a sombra
    De árvores alheias.

A realidade
Sempre é mais ou menos
Do que nós queremos.
Só nós somos sempre
Iguais a nós-próprios.

Suave é viver só.
Grande e nobre é sempre
Viver simplesmente.
Deixa a dor nas aras
Como ex-voto aos deuses.

Vê de longe a vida.
Nunca a interrogues.
Ela nada pode
Dizer-te. A resposta
Está além dos deuses.

Mas serenamente
Imita o Olimpo
No teu coração.
Os deuses são deuses
Porque não se pensam.

1-7-1916

Feliz aquele a quem a vida grata
Concedeu que dos deuses se lembrasse
    E visse como eles
Estas terrenas coisas onde mora
Um reflexo mortal da imortal vida.
Feliz, que quando a hora tributária
Transpor seu átrio por que a Parca corte
    O fio fiado até ao fim,
    Gozar poderá o alto prémio
    De errar no Averno grato abrigo
    Da convivência.

Mas aquele que quer Cristo antepor
Aos mais antigos deuses que no Olimpo
    Seguiram a Saturno —
O seu blasfemo ser abandonado
Na fria expiação — até que os deuses
De quem se esqueceu dele se recordem —
Erra, sombra inquieta, eternamente,
    Nem a viúva lhe põe na boca
    O óbolo a Caronte grato,
    E sobre o seu corpo insepulto
    Não deita terra o viandante.

                        11/12-9-1916

36

Deixa passar o vento
Sem lhe perguntar nada.
Seu sentido é apenas
Ser o vento que passa...

Consegui que esta hora
Sacrificasse ao Olimpo.
E escrevi estes versos
Pra que os deuses voltassem.

12-9-1916

37

Não a ti, Cristo, odeio ou te não quero.
Em ti como nos outros creio deuses mais velhos.
    Só te tenho por não mais nem menos
    Do que eles, mas mais novo apenas.

Odeio-os sim, e a esses com calma aborreço,
Que te querem acima dos outros teus iguais deuses.
    Quero-te onde tu stás, nem mais alto
    Nem mais baixo que eles, tu apenas.

Deus triste, preciso talvez porque nenhum havia
Como tu, um a mais no Panteão e no culto,
    Nada mais, nem mais alto nem mais puro
    Porque para tudo havia deuses, menos tu.

Cura tu, idólatra exclusivo de Cristo, que a vida
É múltipla e todos os dias são diferentes dos outros,
    E só sendo múltiplos como eles
    Staremos com a verdade e sós.

                                            9-10-1916

38

Sofro, Lídia, do medo do destino.
Qualquer pequena coisa de onde pode
Brotar uma ordem nova em minha vida,
        Lídia, me aterra.
Qualquer coisa, qual seja, que transforme
Meu plano curso de existência, embora
Para melhores coisas o transforme,
        Por transformar
Odeio, e não o quero. Os deuses dessem
Que ininterrupta minha vida fosse
Uma planície sem relevos, indo
        Até ao fim.
A glória embora eu nunca haurisse, ou nunca
Amor ou justa stima dessem-me outros,
Basta que a vida seja só a vida
        E que eu a viva.

                                            26-5-1917

39

Sê o dono de ti
Sem fechares os olhos.

Na dura mão aperta
Com um tato apertado
O mundo exterior
Contra a palma sentindo
Outra coisa que a palma.

11-8-1918

40

Não sem lei, mas segundo ignota lei
Entre os homens o fado distribui
    O bem e o mal estar
Fortuna e glória, danos e perigos.

Bem ou mal, não terás o que mereces.
Querem os deuses a isto obrigar-te [?].
    Nem castigo ou prémio
Speres, desprezes, temas ou precises.

Porque até aos deuses toda a ação é clara
E é boa ou má, digna de homem ou deus,
    Porque o fado não tem
Leis nossas com que reja a sua lei.

Quem é rei hoje, amanhã scravo cruza
Com o scravo de hoje que amanhã é rei.
    Sem razão um caiu,
Sem causa nele o outro ascenderá.

Não em nós, mas dos deuses no capricho
E nas sombras pra além do seu domínio
    Está o que somos, e temos,
A vida e a morte do que somos nós.

Se te apraz mereceres, que te apraza
Por mereceres, não porque te o Fado
    Dê o prémio ou a paga
De com constância haveres merecido.

Dúbia é a vida, inconstante o que a governa.
O que esperamos nem sempre acontece
    Nem nos falece sempre,
Nem há com que a alma uma ou outra coisa spere.

Torna teu coração digno dos deuses
E deixa a vida incerta ser quem seja.
    O que te acontecer
Aceita. Os deuses nunca se revoltam.

Nas mãos inevitáveis do destino
A roda rápida soterra hoje
    Quem ontem viu o céu
Do transitório alto do seu giro.

17-11-1918

41

Uma após uma as ondas apressadas
Enrolam o seu verde movimento
    E chiam a alva spuma
    No moreno das praias.

Uma após uma as nuvens vagarosas
Rasgam o seu redondo movimento
    E o sol aquece o spaço
    Do ar entre as nuvens scassas.

Indiferente a mim e eu a ela,
A natureza deste dia calmo
    Furta pouco ao meu senso
    De se esvair o tempo.

Só uma vaga pena inconsequente
Pára um momento à porta da minha alma
    E após fitar-me um pouco
    Passa, a sorrir de nada.

                      23-11-1918

42

Manhã que raias sem olhar a mim,
Sol que luzes sem qu'rer saber de eu ver-te,
    É por mim que sois
    Reais e verdadeiros.
Porque é na oposição ao que eu desejo

Que sinto real a natureza e a vida.
　　　No que me nega sinto
　　　Que existe e eu sou pequeno.
E nesta consciência torno a grande
Como a onda, que as tormentas atiraram
　　　Ao alto ar, regressa
　　　Pesada a um mar mais fundo.

　　　　　　　　　　23-11-1918

43

Cedo vem sempre, Cloe, o inverno, e a dor.
É sempre prematuro, inda que o spere
　　　Nosso hábito, o esfriar
　　　Do desejo que houve.

Não entardece que não morra o dia.
Não nasce amor ou fé em nós que não
　　　Morra com isso ao menos
　　　O não amar ou crer.

Todo o gesto que o nosso corpo faz
Com o repouso anterior contrasta.
　　　Nesta má circunstância
　　　Do tempo eternos somos.

Sabe mais da arte com que viva a vida
Aquele que, de tão contínua usá-la,
　　　Furte ao tempo a vitória
　　　Das mudanças depressa,

E entardecendo como um dia trópico,
Até ao fim inevitável guie
    Uma igual vida, súbito
    Precipite no abismo.

                                          7-7-1919

            44

No momento em que vamos pelos prados
E o nosso amor é um terceiro ali,
    Que usurpa que saibamos
    Um ao certo do outro,

Nesse momento, em que o que vemos mesmo
Sem o vermos na própria essência entra
    Da nossa alma comum —
    Lídia, nesse momento

De tão sentir o amor não sei dizer-to,
Antes, se falo, só dos prados falo
    E em dueto comigo
    Discurso o amor.

                                          7-7-1919

45

Cumpre a lei, seja vil ou vil tu sejas.
Pouco pode o homem contra a externa vida.
    Deixa haver a injustiça.
    Não odeies nem creias.

Não tens mais reino do que a própria mente.
Essa, em que és dono, grato o Fado e os deuses,
    Governa, até à fronteira,
    Onde mora a vontade.

Aí, ao menos, só por inimigos
Os grandes deuses e o Destino ostentas.
    Não há a dupla derrota
    Da derrota e vileza.

Assim penso, e esta mórbida justiça
Com que queremos intervir nas coisas,
    Expilo, como um servo
    Infiel da ampla mente.

Se nem de mim posso ser dono, como
Quero ser dono ou lei do que acontece
    Onde me a mente e corpo
    Não são mais do que coisas?

Basta-me que me baste, e o resto mova-se
Na órbita prevista, em que até os deuses
    Giram, sóis centros servos
    De um movimento imenso.

29-1-1921

46

Um verso repete
Uma brisa fresca,
O verso nos campos,
E sem gente ao sol
O átrio da alma.

Ou, no inverno, ao longe
Os cimos de neve,
À lareira toadas
Dos contos herdados,
E um verso a dizê-lo.

Os deuses concedem
Poucos mais prazeres
Que estes, que são nada.
Mas também concedem
Não querer ter outros.

29-1-1921

47

À la manière de A. Caeiro

A mão invisível do vento roça por cima das ervas.
Quando se solta, saltam nos intervalos do verde
Papoulas rubras, amarelos malmequeres juntos,
E outras pequenas flores azuis que se não veem logo.

Não tenho quem ame, ou vida que queira, ou morte que
roube.
Por mim, como pelas ervas um vento que só as dobra
Para as deixar voltar àquilo que foram, passa.
Também para mim um desejo inutilmente bafeja
As hastes das intenções, as flores do que imagino,
E tudo em volta ao que era sem nada lhe acontecesse.

30-1-1921

48

Tornar-te-ás só quem tu sempre foste.
O que te os deuses dão, dão no começo.
    De uma só vez o Fado
    Te dá o fado, que és um.

A pouco chega pois o esforço posto
Na medida da tua força nata —
    A pouco, se não foste
    Para mais concebido.

Contenta-te com seres quem não podes
Deixar de ser. Inda te fica o vasto
    Céu p'ra cobrir-te, e a terra,
    Verde ou seca a seu tempo.

12-5-1921

49

Em vão procuro o bem que me negaram.
As flores dos jardins dadas aos outros
Como hão de mais que perfumar de longe
    Meu desejo de tê-las?

12-5-1921

50

Não quero a glória, que comigo a têm
    Heróstrato e o pretor
Ser olhado de todos — que se eu fosse
    Só belo, me olhariam.

O fausto repudio, porque o compram.
    O amor, porque acontece.
Amigo fui, talvez não contente,
    Porém certo e sem erro.

12-5-1921

51

Pequeno é o espaço que de nós separa
O que havemos de ser quando morrermos.
Não conhecemos quem será então
    Aquele que hoje somos.

Só o passado, a ele e nós comum,
Será indício de que a nossa alma
Persiste e como antiga ama, conta
    Histórias esquecidas...

Se pudéssemos pôr o pensamento
Com exata visão adentro à vida [?]
Que havemos de ter naquela hora,
    Estranhos olharíamos

O que somos, cuidando ver um outro
E o spaço temporal que hoje habitamos
Luz onde nossa alma nasceu
    Perdida antes de a termos.

                    31-1-1922

52

Cada um cumpre o destino que lhe cumpre,
E deseja o destino que deseja;
    Nem cumpre o que deseja,
    Nem deseja o que cumpre.

Como as pedras na orla dos canteiros
O Fado nos dispõe, e ali ficamos;
    Que a Sorte nos fez postos
    Onde houvemos de sê-lo.

Não tenhamos melhor conhecimento
Do que nos coube que de que nos coube.
    Cumpramos o que somos.
    Nada mais nos é dado.

                        29-7-1923

53

Quero versos que sejam como jóias
Para que durem no porvir extenso
    E os não macule a morte
    Que em cada coisa a espreita,
Versos onde se esquece o duro e triste
Lapso curto dos dias e se volve
    À antiga liberdade
    Que talvez nunca houvemos.
Aqui, nestas amigas sombras postas
Longe, onde menos nos conhece a história
    Lembro os que urdem, cuidados,
    Seus descuidados versos.
E mais que a todos te lembrando, screvo
Sob o vedado sol, e, te lembrando,
    Bebo, imortal Horácio,
    Supérfluo, à tua glória...

                        5-8-1923

54

Não quero as oferendas
Com que fingis, sinceros,
Dar-me os dons que me dais.
Dais-me o que perderei,
Chorando-o, duas vezes,
Por vosso e meu, perdido.

Antes mo prometais
Sem mo dardes, que a perda
Será mais na sperança
Que na recordação.

Não terei mais desgosto
Que o contínuo da vida,
Vendo que com os dias
Tarda o que spera, e é nada.

2-9-1923

55

Vossa formosa juventude leda,
Vossa felicidade pensativa,
Vosso modo de olhar a quem vos olha,
    Vosso não conhecer-vos —

Tudo quanto vós sois, que vos semelha
À vida universal que vos esquece,
Dá carinho de amor a quem vos ama
    Por serdes não lembrando

Quanta igual mocidade a eterna praia
De Cronos, pai injusto da justiça,
Ondas, quebrou, deixando à só memória
    Um branco som de spuma.

2-9-1923

56

Não canto a noite porque no meu canto
O sol que canto acabará em noite.
    Não ignoro o que esqueço.
    Canto por esquecê-lo.

Pudesse eu suspender, inda que em sonho,
O Apolíneo curso, e conhecer-me,
    Inda que louco, gêmeo
    De uma hora imperecível!

2-9-1923

57

Não quero recordar nem conhecer-me.
Somos demais se olhamos em quem somos.
    Ignorar que vivemos
    Cumpre bastante a vida.

Tanto quanto vivemos, vive a hora
Em que vivemos, igualmente morta

Quando passa conosco,
Que passamos com ela.

Se sabê-lo não serve de sabê-lo
(Pois sem poder que vale conhecermos?),
    Melhor vida é a vida
    Que dura sem medir-se.

                                   2-9-1923

58

A abelha que, voando, freme sobre
A colorida flor, e pousa, quasi
    Sem diferença dela
    À vista que não olha,

Não mudou desde Cecrops. Só quem vive
Uma vida com ser que se conhece
    Envelhece, distinto
    Da espécie de que vive.

Ela é a mesma que outra que não ela.
Só nós — ó tempo, ó alma, ó vida, ó morte! —
    Mortalmente compramos
    Ter mais vida que a vida.

                                   2-9-1923

59

Dia após dia a mesma vida é a mesma.
    O que decorre, Lídia,
No que nós somos como em que não somos
    Igualmente decorre.
Colhido, o fruto deperece; e cai
    Nunca sendo colhido.
Igual é o fado, quer o procuremos,
    Quer o speremos. Sorte
Hoje, Destino sempre, e nesta ou nessa
    Forma alheio e invencível.

                      2-9-1923

60

Pequena vida consciente, sempre
Da repetida imagem perseguida
Do fim inevitável, a cada hora
    Sentindo-se mudada,
E, como Orfeu volvendo à vinda esposa
O olhar algoz, para o passado erguendo
A memória pra em mágoas o apagar
    No báratro da mente.

                      22-10-1923

61

De uma só vez recolhe
    As flores que puderes.
Não dura mais que até à noite o dia.
    Colhe de que lembrares.

A vida é pouco e cerca-a
    A sombra e o sem-remédio.
Não temos regras que compreendamos,
    Súditos sem governo.

Goza este dia como
    Se a Vida fosse nele.
Homens nem deuses fadam, nem destinam
    Senão quem ignoramos.

                                24-10-1923

62

De amore suo

Folha após folha nem caem,
    Cloe, as folhas todas.
Nem antes que para elas, para nós
    Que sabemos que morrem
    Assim, Cloe, assim,
Antes que os próprios corpos, que empregamos
    No amor, ele envelhece;

E nós, diversos, somos, inda jovens,
    Uma memória mútua.
Ah, se não hemos que ser mais que este
    Saber do que ora fomos,
Ponhamos ao amor haver toda a vida,
    Como se, findo o beijo
Único, sobre nós ruísse a súbita
    Mole do total mundo.

                      27-10-1923

63

Tão cedo passa tudo quanto passa!
Morre tão jovem ante os deuses quanto
    Morre! Tudo é tão pouco!
Nada se sabe, tudo se imagina.
Circunda-te de rosas, ama, bebe
    E cala. O mais é nada.

                      3-11-1923

64

Não inquiro do anónimo futuro
    Que serei, pois que tenho,
Qualquer que seja, que vivê-lo. Tiro
    Os olhos do vindouro.

Odeio o que não vejo. Se pudesse,
    Num báratro vê-lo,

Deixara-o. Vivo a vida
    Que tenho, e fecho a porta.

4-11-1923

65

Hora a hora não dura a face antiga
Dos repetidos seres, e hora a hora,
    Pensando, envelhecemos.
Tudo passa ignorado, e o que, sabido,
Fica, sabe que ignora, porém nada
    Torna, ciente ou néscio.
Pares, assim, do que não somos pares,
Da hora extinta a chama reservemos
    No calor recordada.

16-11-1923

66

Não torna atrás a negregada prole
    Nascida de Saturno,
Nem todos deuses implorados volvem
    Quem foi à luz que vemos.
Moramos, hóspedes na vida, e vamos
    Por força despedidos,
À noite donde viemos perder o dia.

16-11-1923

67

Com que vida encherei os poucos breves
Dias que me são dados? Será minha
    A minha vida ou dada
    A outros ou a sombras?

À sombra de nós mesmos quantas vezes
Inconscientes nós sacrificamos,
    E um destino cumprimos
    Nem nosso nem alheio!

Porém nosso destino é o que for nosso,
Quem nos deu o acaso, ou, alheio fado,
    Anónimo a um anónimo,
    Nos arrasta a corrente.

Ó deuses imortais, saiba eu ao menos
Aceitar sem querê-lo, sorridente,
    O curso áspero e duro
    Da strada permitida.

                          5-5-1925

68

Não perscrutes o anónimo futuro,
Lídia; é igual o futuro perscrutado
    Ao que não perscrutarás,
    Quem o deu, o deu feito.

Disformes sonhos antecipam coisas
Que serão piores que os disformes sonhos.
    No temor do futuro
    Nos futuros perscrutamos [?].

Sabe ver só até o horizonte
E o dia, memora da flor hesterna
    Mais que do melhor fruto
    Que talvez não colhamos.

                13-6-1925

69

No ciclo eterno das mudáveis coisas
Novo inverno após novo outono volve
    À diferente terra
    Com a mesma maneira.
Porém a mim nem me acha diferente
Nem diferente deixa-me, fechado
    Na clausura maligna
    Da índole indecisa.
Presa da pálida fatalidade
De não mudar-me, me infiel renovo
    Aos propósitos mudos
    Morituros e infindos.

                24-11-1925

70

Não só vinho, mas nele o olvido, deito
Na taça: serei ledo, porque a dita
    É ignara. Quem, lembrando
    Ou prevendo, sorrira?
Dos brutos, não a vida, senão a alma,
Consigamos, pensando; recolhidos
    No impalpável destino
    Que não spera nem lembra.
Com mão mortal elevo à mortal boca
Em frágil taça o passageiro vinho,
    Baços os olhos feitos
    Para deixar de ver.

13-6-1926

71

Já sobre a fronte vã se me acinzenta
O cabelo do jovem que perdi.
    Meus olhos brilham menos.
Já não tem jus a beijos minha boca.
Se me ainda amas, por amor não ames:
    Traíras-me comigo.

13-6-1926

72

Quanta tristeza e amargura afoga
Em confusão a streita vida! Quanto
    Infortúnio mesquinho
    Nos oprime supremo!
Feliz ou o bruto que nos verdes campos
Pasce, para si mesmo anónimo, e entra
    Na morte como em casa;
    Ou o sábio que, perdido
Na ciência, a fútil vida austera eleva
Além da nossa, como o fumo que ergue
    Braços que se desfazem
    A um céu inexistente.

14-6-1926

73

Não torna ao ramo a folha que o deixou,
Nem com seu mesmo pé se uma outra forma.
O momento, que acaba ao começar
    Este, morreu p'ra sempre.
Não me promete o incerto e vão futuro
Mais do que esta repetida experiência
Da mortal sorte e a condição perdida
    Das coisas e de mim.
Por isso, neste rio universal
De que sou, não uma onda, senão ondas,

Decorro inerte, sem pedido, nem
 Deuses a quem o faça.

                              28-9-1926

74

Nem vã sperança nem, não menos vã,
Desesperança, Lídia, nos governa
 A consumanda vida.
Só spera ou desespera quem conhece
Que há-de sperar. Nós, no labento curso
 Do ser, só ignoramos.
Nem por prazer as rosas desfolhamos
Mas como quem não pensa, e, desatento,
 Folha a folha, fenece.

                              28-9-1926

75

Frutos, dão-os as árvores que vivem,
Não a iludida mente, que só se orna
 Das flores lívidas
 Do íntimo abismo.
Quantos reinos nas mentes e nas coisas
Te não talhaste imaginário! Tantos
 Sem ter perdeste,
 Sonhos cidades!
Ah, não consegues contra o adverso muito

Criar mais que propósitos frustrados!
    Abdica e sê
    Rei de ti mesmo.

                6-12-1926

76

Gozo sonhado é gozo, ainda que em sonho.
Nós o que nos supomos nos fazemos,
    Se com atenta mente
    Resistirmos em crê-lo.
Não, pois, meu modo de pensar nas coisas,
Nos seres e no fado me consumo.
    Para mim crio tanto
    Quanto para mim crio.
Fora de mim, alheio ao em que penso,
O fado cumpre-se. Mas eu me cumpro
    Segundo o âmbito breve
    Do que de meu me é dado.

                30-1-1927

77

O relógio de sol partido marca
Do mesmo modo que o inteiro o lapso
    Da mesma hora perdida...
O mesmo gozo com que esqueço, ou o julgo,
A vida, finda, me a mim mesmo mostra
    Mais fatal e mortal,

Para onde quer que siga a certa noite
    Como quer que a entendamos.

30-1-1927

78

Solene passa sobre a fértil terra
A branca, inútil nuvem fugidia,
Que um negro instante de entre os campos ergue
    Um sopro arrefecido.

Tal me alta na alma a lenta ideia voa
E me enegrece a mente, mas já torno,
Como a si mesmo o mesmo campo, ao dia
    Da imperfeita vida.

31-5-1927

79

Atrás não torna, nem, como Orfeu, volve
    Sua face, Saturno.
Sua severa fronte reconhece
    Só o lugar do futuro.
Não temos mais decerto que o instante
    Em que o pensamos certo.
Não o pensemos, pois, mas o façamos
    Certo sem pensamento.

31-5-1927

80

A nada imploram tuas mãos já coisas,
Nem convencem teus lábios já parados,
　　No abafo subterrâneo
　　Da húmida imposta terra.
Só talvez o sorriso com que amavas
Te embalsama remota, e nas memórias
　　Te ergue qual eras, hoje
　　Cortiço apodrecido.
E o nome inútil que teu corpo morto
Usou, vivo, na terra, como uma alma,
　　Não lembra. A ode grava,
　　Anónimo, um sorriso.

　　　　　　　　　　　　Maio, 1927

81

Enquanto eu vir o sol doirar as folhas
E sentir toda a brisa nos cabelos
　　Não quererei mais nada.
Que me pode o Destino conceder
Melhor que o lapso gradual da vida
　　Entre ignorâncias destas?
Pomos a dúvida onde há rosas. Damos
Metade do sentido ao entendimento
　　E ignoramos, pensantes.
Estranha a nós a natureza externa
Campos espalha, flores ergue, frutos
　　Redonda, e a morte chega.

Terei razão, se a alguém razão é dada,
Quando me a morte conturbar a mente
    E já não veja mais
Que à razão de saber porque vivemos
Nós nem a achamos nem achar se deve,
    Impropícia e profunda.
Sábio deveras o que não procura,
Que encontra o abismo em todas coisas
    E a dúvida em si-mesmo.

16-6-1927

82

Aqui, dizeis, na cova a que me abeiro,
Não está quem eu amei. Olhar nem riso
    Se escondem nesta leira.
Ah, mas olhos e boca aqui se escondem!
Mãos apertei, não alma, e aqui jazem.
    Homem, um corpo choro!

6-7-1927

83

Lenta, descansa a onda que a maré deixa.
Pesada cede. Tudo é sossegado.
    Só o que é de homem se ouve.
    Cresce a vinda da lua.
Nesta hora, Lídia ou Neera ou Cloe,

Qualquer de vós me é estranha, que me inclino
    Para o segredo dito
    Pelo silêncio incerto.
Tomo nas mãos, como caveira, ou chave
De supérfluo sepulcro, o meu destino,
    E ignaro o aborreço
    Sem coração que o sinta.

6-7-1927

84

Quantos gozam o gozo de gozar
Sem que gozem o gozo, e o dividem
    Entre eles e o que os outros
    Veem que gozam eles.
Ah, Lídia, as vestes do gozar omite,
Que o gozo é um, se é gozo, nem o damos
    Aos outros como prémio
    De nos verem gozando.
Cada um é ele só, e se com outros
Goza, dos outros goza, não com eles.
    Aprende o que te ensina
    Teu corpo, teu limite.

9-10-1927

85

Floresce em ti, ó magna terra, em cores
A vária primavera, e o verão vasto,
    E os campos são de alegres.
Mas dorme em cada campo o outono dele
E o inverno espreita a açucena que ignora
    E a morte é cada dia.

9-10-1927

86

Toda visão da crença se acompanha,
Toda crença da ação; e a ação se perde,
    Água em água entre tudo.
Conhece-te, se podes. Se não podes
Conhece que não podes. Saber sabe.
    Sê teu. Não dês nem speres.

19-10-1927

87

O sono é bom pois despertamos dele
Para saber que é bom. Se a morte é sono
    Despertaremos dela;
    Se não, e não é sono,

Com quanto em nós é nosso a refusemos
Enquanto em nossos corpos condenados
    Dura, do carcereiro,
    A licença indecisa.

Lídia, a vida mais vil antes que a morte,
Que desconheço, quero; e as flores colho
    Que te entrego, votivas
    De um pequeno destino.

                  19-11-1927

88

O rastro breve que das ervas moles
Ergue o pé findo, o eco que oco coa,
    A sombra que se adumbra,
    O branco que a nau larga —
Nem maior nem melhor deixa a alma às almas,
O ido aos indos. A lembrança esquece.
    Mortos, inda morremos.
    Lídia, somos só nossos.

                  25-1-1928

89

Pesa a sentença atroz do algoz ignoto
Em cada cerviz néscia. É entrudo e riem,
Felizes, porque neles pensa e sente
    A vida, que não eles!

Se a ciência é vida, sábio é só o néscio.
Quão pouca diferença a mente interna
Do homem da dos brutos! Sus! Deixai
    Brincar os moribundos!

De rosas, inda que de falsas, teçam
Capelas veras. Breve e vão é o tempo
Que lhes é dado, e por misericórdia
    Breve nem vão sentido.

20-2-1928

Nirvana

Vou dormir, dormir, dormir,
Vou dormir sem despertar,
Mas não dormir sem sentir
Que estou dormindo a sonhar.

Não a insciência e só treva
Mas também strelas a abrir
Olhos cujo olhar me eleva,
Que stou sonhando a dormir.

Constelada inexistência
Em que só vive de meu
Uma abstrata insciência
Una com strelas e céu.

20-2-1928

91

Doce é o fruto à vista, e à boca amaro,
Breve é a vida ao tempo e longa à alma,
    A arte, com que todos,
— Ora sem saber virando o copo vil,
Ora, enchendo-o, cientes — nos ousamos,
    Chegada a noite, despir.

                        20-2-1928

92

Dois é o prazer: gozar e o gozá-lo.
Ao néscio elege o parvo, o sábio ao outro.
    E o igual fado é diverso.
Na taça que ergo, ondeio, e vejo, as bolhas
Incluo no que sinto, e ao pegar
    Mais puro stá na taça.

                        21-2-1928

93

Concentra-te, e serás sereno e forte;
Mas concentra-te fora de ti mesmo.
Não sê mais para ti que o pedestal
No qual ergas a estátua do teu ser.
Tudo mais empobrece, porque é pobre.

                        10-4-1928

94

Inglória é a vida, e inglório o conhecê-la.
Quantos, se pensam, não se reconhecem
    Os que se conheceram!
A cada hora se muda não só a hora
Mas o que se crê nela, e a vida passa
    Entre viver e ser.

                      26-4-1928

95

Nos altos ramos de árvores frondosas
O vento faz um rumor frio e alto,
Nesta floresta, em este som me perco
    E sozinho medito.
Assim no mundo, acima do que sinto,
Um vento faz a vida, e a deixa, e a toma,
E nada tem sentido — nem a alma
    Com que penso sozinho.

                      26-4-1928

96

O anel dado ao mendigo é injúria, e a sorte
Dada a quem pensa é infâmia, que quem pensa
    Quer verdade, e não sorte.

Como um mendigo a quem é dado o nome
De rei, não come dele, mas do prato
    Do rei, minha sperança
Da razão que há em tê-la se alimenta
    E não do que deseja.

                26-4-1928

97

Tudo que cessa é morte, e a morte é nossa
Se é para nós que cessa. Aquele arbusto
    Fenece, e vai com ele
    Parte da minha vida.
Em tudo quanto olhei fiquei em parte.
Com tudo quanto vi, se passa, passo,
    Nem distingue a memória
    Do que vi do que fui.

                7-6-1928

98

Tarda o verão. No campo tributário
Da nossa sprança, não há sol bastante,
Nem se speravam as que vêm, chuvas
    Na estação, deslocadas.
Meu vão conhecimento do que vejo
Com o que é falso se contenta, a noite [?]

Em pouco dando à conclusão factícia
    Do moribundo tudo.

                                    7-6-1928

99

A cada qual, como a statura, é dada
    A justiça: uns faz altos
    O fado, outros felizes.
Nada é prémio: sucede o que acontece.
    Nada, Lídia, devemos
    Ao fado, senão tê-lo.

                                    20-11-1928

100

Nem da erva humilde se o Destino esquece.
    Seiva a lei o que vive.
De sua natureza murcham rosas
    E prazeres se acabam.
Quem nos conhece, amigo, tais quais fomos?
    Nem nós os conhecemos.

                                    20-11-1928

101

Quem diz ao dia, Dura! e à treva, Acaba!
    E a si não diz, Não digas!
Sentinelas absurdas, vigilamos,
    Ínscios dos contendentes.
Uns sob o frio, outros no ar brando, guardam
    O posto e a insciência sua.

                        21-11-1928

102

Negue-me tudo a sorte, menos vê-la,
    Que eu, stóico sem dureza,
Na sentença gravada do Destino
    Quero gozar as letras.

                        21-11-1928

103

Sê lanterna, dá luz com vidro à roda.
    Da luz o calor guarda.
Não poderão os ventos opressivos
    Apagar tua luz;
Nem teu calor, disperso, irá ser frio
    No inútil infinito.

                        3-3-1929

104

Se recordo quem fui, outrem me vejo,
E o passado é o presente na lembrança.
    Quem fui é alguém que amo
    Porém somente em sonho.
E a saudade que me aflige a mente
Não é de mim nem do passado visto,
    Senão de quem habito
    Por trás dos olhos cegos.
Nada, senão o instante, me conhece.
Minha mesma lembrança é nada, e sinto
    Que quem sou e quem fui
    São sonhos diferentes.

26-5-1930

105

Quando, Lídia, vier o nosso outono
Com o inverno que há nele, reservemos
Um pensamento, não para a futura
    Primavera, que é de outrem,
Nem para o estio, de quem somos mortos,
Senão para o que fica do que passa —
O amarelo atual que as folhas vivem
    E as torna diferentes.

13-6-1930

106

Ténue, como se de Eolo a esquecessem,
A brisa da manhã titila o campo,
    E há começo do sol.
Não desejemos, Lídia, nesta hora
Mais sol do que ela, nem mais alta brisa
    Que a que é pequena e existe.

                13-6-1930

107

No breve número de doze meses
O ano passa, e breves são os anos,
    Poucos a vida dura.
Que são doze ou sessenta na floresta
Dos números, e quanto pouco falta
    Para o fim do futuro!
Dois terços já, tão rápido, do curso
Que me é imposto correr descendo, passo.
    Apresso, e breve acabo.

                18-6-1930

108

Não sei de quem memoro meu passado
Que outrem fui quando o fui, nem se conheço
Como sentindo com minha alma aquela

　　　　Alma que a sentir lembro.
De dia a outro nos desamparamos.
Nada de verdadeiro a nós nos une.
Somos quem somos, e quem fomos foi
　　　Coisa vista por dentro.

　　　　　　　　　　　　　　　2-7-1930

　　　　　109

Quem fui é externo a mim. Se lembro, vejo;
E ver é ser alheio. Meu passado
　　　Só por visão relembro.
Aquilo mesmo que senti me é claro.
Alheia é a alma antiga; o que em mim sinto
　　　Veio hoje e isto é estalagem.
Quem pode conhecer, entre tanto erro
De modos de sentir-se, a própria forma
　　　Que tem para consigo?

　　　　　　　　　　　　　　　2-7-1930

　　　　　110

O que sentimos, não o que é sentido,
É o que temos. Claro, o inverno estreita.
　　　Como à sorte o acolhamos.
Haja inverno na terra, não na mente,
E, amor a amor, ou livro a livro, amemos
　　　Nossa lareira breve.

　　　　　　　　　　　　　　　8-7-1930

111

Débil no vício, débil na virtude
A humanidade débil, nem na fúria
    Conhece mais que a norma.

Pares e diferentes nos regemos
Por uma norma própria, e inda que dura,
    Será à liberdade.

Ser livre é ser a própria imposta norma
Igual a todos, salvo no amplo e duro
    Mando e uso de si mesmo.

                              9-7-1930

112

Não sei se é amor que tens, ou amor que finges,
O que me dás. Dás-mo. Tanto me basta.
    Já que o não sou por tempo,
    Seja eu jovem por erro.
Pouco os deuses nos dão, e o pouco é falso.
Porém, se o dão, falso que seja, a dádiva
    É verdadeira. Aceito,
    Cerro olhos: é bastante.

                              12-9-1930

113

Quer pouco: terás tudo.
Quer nada: serás livre.
O mesmo amor que tenham
Por nós, quer-nos, oprime-nos.

1-11-1930

114

Não só quem nos odeia ou nos inveja
Nos limita e oprime; quem nos ama
    Não menos nos limita.
Que os deuses me concedam que, despido
De afetos, tenha a fria liberdade
    Dos píncaros sem nada.
Quem quer pouco, tem tudo; quem quer nada
É livre; quem não tem, e não deseja,
    Homem, é igual aos deuses.

1-11-1930

115

Não quero, Cloe, teu amor, que oprime
Porque me exige amor. Quero ser livre.

A sperança é um dever do sentimento.

1-11-1930

116

Nunca a alheia vontade, inda que grata,
Cumpras por própria. Manda no que fazes,
    Nem de ti mesmo servo.
Ninguém te dá quem és. Nada te mude.
Teu íntimo destino involuntário
    Cumpre alto. Sê teu filho.

                                          19-11-1930

117

No mundo, só comigo, me deixaram
    Os deuses que dispõem.
Não posso contra eles: o que deram
    Aceito sem mais nada.
Assim o trigo baixa ao vento, e, quando
    O vento cessa, ergue-se.

                                          19-11-1930

118

Os deuses e os Messias que são deuses
Passam, e os sonhos vãos que são Messias.
    A terra muda dura.
Nem deuses, nem Messias, nem ideias
Me trazem rosas. Minhas são se as tenho.
    Se as tenho, que mais quero?

                                          8-2-1931

119

Do que quero renego, se o querê-lo
Me pesa na vontade. Nada que haja
    Vale que lhe concedamos
    Uma atenção que doa.
Meu balde exponho a chuva, por ter água.
Minha vontade, assim, ao mundo exponho,
    Recebo o que me é dado,
    E o que falta não quero.

14-3-1931

120

Quem és, não o serás, que o tempo e a sorte
    Te mudarão em outro.
Para que pois em seres te empenhares
    O que não serás tu?
Teu é o que és, teu o que tens, de quem
    É que é o que tiveres?

22-9-1931

121

Breve o dia, breve o ano, breve tudo.
    Não tarda nada sermos.
Isto, pensado, me de a mente absorve
    Todos mais pensamentos.

O mesmo breve ser da mágoa pesa-me,
    Que, inda que mágoa, é vida.

27-9-1931

122

Domina ou cala. Não te percas, dando
    Aquilo que não tens.
Que vale o César que serias? Goza
    Bastar-te o pouco que és.
Melhor te acolhe a vil choupana dada
    Que o palácio devido.

27-9-1931

123

Tudo, desde ermos astros afastados
    A nós, nos dá o mundo.
E a tudo, alheios, nos acrescentamos,
    Pensando e interpretando.
A próxima erva a que a mão chega basta,
    O que há é o melhor.

10-12-1931

124

Ninguém, na vasta selva religiosa
Do mundo inumerável, finalmente
    Vê o deus que conhece.
Só o que a brisa traz se ouve na brisa
O que pensamos, seja amor ou deuses,
    Passa, porque passamos.

10-12-1931

125

Se a cada coisa que há um deus compete,
Por que não haverá de mim um deus?
    Por que o não serei eu?
É em mim que o deus anima porque eu sinto.
O mundo externo claramente vejo —
    Coisas, homens, sem alma.

Dezembro, 1931

126

Azuis os montes que estão longe param.
De eles a mim o vário campo ao vento, à brisa,
Ou verde ou amarelo ou variegado,
    Ondula incertamente.
Débil como uma haste de papoila
Me suporta o momento. Nada quero.
Que pesa o escrúpulo do pensamento
    Na balança da vida?

Como os campos, e vário, e como eles,
Exterior a mim, me entrego, filho
Ignorado do Caos e da Noite
    Às férias em que existo.

                                      31-3-1932

127

Lídia, ignoramos. Somos estrangeiros
Onde quer que moremos. Tudo é alheio
    Nem fala língua nossa.
Façamos de nós mesmos o retiro
Onde esconder-nos, tímidos do insulto
    Do tumulto do mundo.
Que quer o amor mais que não ser dos outros?
Como um segredo dito nos mistérios,
    Seja sacro por nosso.

                                      9-6-1932

128

Severo narro. Quanto sinto penso.
    Palavras são ideias.
Múrmuro, o rio passa, e o som não passa,
    Que é nosso, não do rio.
Assim quisera o verso: meu e alheio
    E por mim mesmo lido.

                                      16-6-1932

129

Flores amo, não busco. Se aparecem
Me agrado ledo, que buscar prazeres
    Tem o esforço da busca.
A vida seja como o sol, que é dado,
Nem arranquemos flores, que, tiradas,
    Não são nossas, mas mortas.

                        16-6-1932

130

Sereno aguarda o fim que pouco tarda.
Que é qualquer vida? Breves sóis e sono.
    Quanto pensas emprega
    Em não muito pensares.

Ao nauta o mar obscuro é a rota clara.
Tu, na confusa solidão da vida,
    A ti mesmo te elege
    (Não sabes de outro) o porto.

                        31-7-1932

131

Ninguém a outro ama, senão que ama
O que de si há nele, ou é suposto.
Nada te pese que não te amem. Sentem-te

    Quem és, e és estrangeiro.
Cura de ser quem és, amem-te ou nunca.
Firme contigo, sofrerás avaro
    De penas.

                        10-8-1932

132

Para que complicar inutilmente,
Pensando, o que impensado existe? Nascem
    Ervas sem razão dada
Para elas olhos, não razões, são a alma.
Como através de um rio as contemplemos.

                        3-9-1932

133

Vive sem horas. Quanto mede pesa,
    E quanto pensa mede.
Num fluido incerto nexo, como o rio
    Cujas ondas são ele,
Assim teus dias vê, e se te vires
    Passar, como a outrem, cala.

                        8-9-1932

134

Nada fica de nada. Nada somos.
Um pouco ao sol e ao ar nos atrasamos
Da irrespirável treva que nos pese
    Da húmida terra imposta,
Cadáveres adiados que procriam.
Leis feitas, státuas altas, odes findas —
Tudo tem cova sua. Se nós, carnes
A que um íntimo sol dá sangue, temos
    Poente, por que não elas?
Somos contos contando contos, nada.

                                  28-9-1932

135

Que mais que um ludo ou jogo é a extensa vida,
Em que nos distraímos de outra coisa —
    Que coisa, não sabemos —;
Livres porque brincamos se jogamos,
Presos porque tem regras cada jogo;
    Inconscientemente?
Feliz o a quem surge a consciência
Do jogo, mas não toda, e essa dele
    Em a saber perder.

                                  27-10-1932

136

Para ser grande, sê inteiro: nada
    Teu exagera ou exclui.
Sê todo em cada coisa. Põe quanto és
    No mínimo que fazes.
Assim em cada lago a lua toda
    Brilha, porque alta vive.

                  14-2-1933

137

Quanto faças, supremamente faze.
Mais vale, se a memória é quanto temos,
    Lembrar muito que pouco.
E se o muito no pouco te é possível,
Mais ampla liberdade de lembrança
    Te tornará teu dono.

                  27-2-1933

138

Rasteja mole pelos campos ermos
    O vento sossegado.
Mais parece tremer de um tremor próprio,
    Que do vento, o que é erva.
E se as nuvens no céu, brancas e altas,
    Se movem, mais parecem

Que gira a terra rápida e elas passam,
    Por muito altas, lentas.
Aqui neste sossego dilatado
    Me esquecerei de tudo,
Nem hóspede será do que conheço
    A vida que deslembro.
Assim meus dias seu decurso falso
    Gozarão verdadeiro.

27-2-1933

139

Quero ignorado, e calmo
Por ignorado, e próprio
Por calmo, encher meus dias
De não querer mais deles.

Aos que a riqueza toca
O ouro irrita a pele.
Aos que a fama bafeja
Embacia-se a vida.

Aos que a felicidade
É sol, virá a noite.
Mas ao que nada spera
Tudo que vem é grato.

2-3-1933

140

Cada dia sem gozo não foi teu:
Foi só durares nele. Quanto vivas
······Sem que o gozes, não vives.

Não pesa que ames, bebas ou sorrias:
Basta o reflexo do sol ido na água
······De um charco, se te é grato.

Feliz o a quem, por ter em coisas mínimas
Seu prazer posto, nenhum dia nega
······A natural ventura!

······························14-3-1933

141

Pois que nada que dure, ou que, durando,
Valha, neste confuso mundo obramos,
E o mesmo útil para nós perdemos
······Conosco, cedo, cedo,

O prazer do momento anteponhamos
À absurda cura do futuro, cuja
Certeza única é o mal presente
······Com que o seu bem compramos.

Amanhã não existe. Meu somente
É o momento, eu só quem existe

Neste instante, que pode o derradeiro
    Ser de quem finjo ser.

                              16-3-1933

142

Estás só. Ninguém o sabe. Cala e finge.
    Mas finge sem fingires.
Nada speres que em ti já não exista,
    Cada um consigo é tudo.
Tens sol se há sol, ramos se ramos buscas,
    Sorte se a sorte é dada.

                              6-4-1933

143

Aqui, neste misérrimo desterro
Onde nem desterrado estou, habito,
Fiel, sem que queira, àquele antigo erro
    Pelo qual sou proscrito.

O erro de querer ser igual a alguém —
Feliz, em suma — quanto a sorte deu
A cada coração o único bem
    De ele poder ser seu.

                              6-4-1933

144

Uns, com os olhos postos no passado,
Veem o que não veem; outros, fitos
Os mesmos olhos no futuro, veem
    O que não pode ver-se.

Por que tão longe ir pôr o que está perto —
O dia real que vemos? No mesmo hausto
Em que vivemos, morreremos. Colhe
    O dia, porque és ele.

                        28-8-1933

145

Súdito inútil de astros dominantes,
Passageiros como eu, vivo uma vida
    Que nem quero nem amo,
    Minha porque sou ela.

No ergástulo de ser quem sou, contudo,
De em mim pensar me livro, olhando no alto
    Os astros que dominam,
    Submisso de os ver brilhar.

Vastidão vã que finge de infinito
(Como se o infinito se pudesse ver!) —
    Dá-me ela a liberdade?
    Como, se ela a não tem?

                        19-11-1933

146

Coroa ou tiara
É só peso posto
Na fronte antes lisa.

Coroa de rosas,
Coroa de louros,
De nada nos servem.

Que o vento nos possa
Tocar nos cabelos,
Coroar-nos a fronte!

Que a fronte despida
Possa reclinar-se,
Serena, onde durma.

Cloe! Não conheço
Melhor alegria
Que esta fronte lisa.

19-11-1933

147

Aguardo, equânime, o que não conheço —
    Meu futuro e o de tudo.
No fim tudo será silêncio, salvo
    Onde o mar banhar nada.

13-12-1933

148

Amo o que vejo porque deixarei
    Qualquer dia de o ver.
  Amo-o também porque é.
No plácido intervalo em que me sinto,
    Por amar, mais que ser,
    Amo o haver tudo e a mim.
Melhor me não dariam, se voltassem,
    Os primitivos deuses,
    Que, também, nada sabem.

                        11-10-1934

149

Vivem em nós inúmeros;
Se penso ou sinto, ignoro
Quem é que pensa ou sente.
Sou somente o lugar
Onde se sente ou pensa.

Tenho mais almas que uma.
Há mais eus do que eu mesmo.
Existo todavia
Indiferente a todos.
Faço-os calar: eu falo.

Os impulsos cruzados
Do que sinto ou não sinto

Disputam em quem sou.
Ignoro-os. Nada ditam
A quem me sei: eu screvo.

13-11-1935

150

Cada momento que a um prazer não voto
Perco, nem curo se o prazer me é dado;
    Porque o sonho de um gozo
    No gozo não é sonho.

151

Cada um é um mundo; e como em cada fonte
Uma deidade vela, a cada homem
    Por que não há de haver
    Um deus só de ele homem?

Na encoberta sucessão das coisas,
Só o sábio sente, que não foi mais nada
    Que a vida que deixou.

152

Cantos, risos e flores alumiem
    Nosso mortal destino,
Para o ermo ocultar fundo, noturno

De nosso pensamento,
Curvado, já em vida, sob a ideia
　　Do plutônico gozo,
Cônscio já da lívida sperança
　　Do caos redivivo.

153

Como este infante que alourado dorme
　　Fui. Hoje sei que há morte,
Lídia, há largas taças por encher
　　Nosso amor que nos tarda.
Qualquer que seja o amor ou a taça, cedo
　　Cessa. Receia, e apressa.

154

Deixemos, Lídia, a ciência que não põe
Mais flores do que Flora pelos campos,
　　Nem dá de Apolo ao carro
　　Outro curso que Apolo.

Contemplação estéril e longínqua
Das coisas próximas, deixemos que ela
　　Olhe até não ver nada
　　Com seus cansados olhos.

Vê como Ceres é a mesma sempre
E como os louros campos intumesce
　　E os cala prás avenas
　　Dos agrados de Pã.

Vê como com seu jeito sempre antigo
Aprendido no orige azul dos deuses,
    As ninfas não sossegam
    Na sua dança eterna.

E como as hemadríades constantes
Murmuram pelos rumos das florestas
    E atrasam o deus Pã
    Na atenção à sua flauta.

Não de outro modo mais divino ou menos
Deve aprazer-nos conduzir a vida,
    Quer sob o ouro de Apolo
    Ou a prata de Diana.

Quer troe Júpiter nos céus toldados,
Quer apedreje com as suas ondas
    Netuno as planas praias
    E os erguidos rochedos.

Do mesmo modo a vida é sempre a mesma.
Nós não vemos as Parcas acabarem-nos.
    Por isso as esqueçamos
    Como se não houvessem.

Colhendo flores ou ouvindo as fontes
A vida passa como se temêssemos.
    Não nos vale pensarmos
    No futuro sabido

Que aos nossos olhos tirará Apolo
E nos porá longe de Ceres e onde

Nenhum Pã cace à flauta
Nenhuma branca ninfa.

Só as horas serenas reservando
Por nossas, companheiros na malícia
    De ir imitando os deuses
    Até sentir-lhe a calma.

Venha depois com as suas cãs caídas
A velhice, que os deuses concederam
    Que esta hora por ser sua
    Não sofra de Saturno

Mas seja o templo onde sejamos deuses
Inda que apenas, Lídia, pra nós próprios,
    Nem precisam de crentes
    Os que de si o foram.

155

É tão suave a fuga deste dia,
Lídia, que não parece que vivemos.
    Sem dúvida que os deuses
    Nos são gratos esta hora,

Em paga nobre desta fé que temos
Na exilada verdade dos seus corpos
    Nos dão o alto prémio
    De nos deixarem ser

Convivas lúcidos da sua calma,
Herdeiros um momento do seu jeito
    De viver toda a vida
    Dentro dum só momento

Dum só momento, Lídia, em que afastados
Das terrenas angústias recebemos
    Olímpicas delícias
    Dentro das nossas almas.

E um só momento nos sentimos deuses
Imortais pela calma que vestimos
    E a altiva indiferença
    Às coisas passageiras.

Como quem guarda a c'roa da vitória
Estes fanados louros de um só dia
    Guardemos para termos,
    No futuro enrugado,

Perene à nossa vista a certa prova
De que um momento os deuses nos amaram
    E nos deram uma hora
    Não nossa, mas do Olimpo.

156

Eu nunca fui dos que a um sexo o outro
No amor ou na amizade preferiram.
Por igual amo, como a ave pousa
    Onde pode pousar.

Pousa a ave, olhando apenas a quem pousa
Pondo querer pousar antes do ramo;
Corre o rio onde encontra o seu retiro
    E não onde é preciso.

Assim das diferenças me separo
E onde amo, porque o amo ou nenhum amo,
Nem a inocência inata de quem ama
    Julgo postergada nisto.

Não no objeto, no modo está o amor,
Logo que a ame, a qualquer coisa amo.
Meu amor nela não reside, mas
    Em meu amor.

Os deuses que nos deram este rumo
Do amor a que chamamos a beleza
Não na mulher só a puseram; nem
    No fruto apenas.

157

Flores que colho, ou deixo,
Vosso destino é o mesmo.

Via que sigo, chegas
Não só aonde eu chego.

Nada somos que valha,
Somo-lo mais que em vão.

158

Ininterrupto e fluido guia o teu curso
Lídia, e sereno para o mar distante.
    Teus manes não to param.
    Interrompem-to apenas.
Mas conta tu as tuas próprias horas,
À tua espera dá-te incerta Náiade [?]
    Que a porta [?] te não dá
    Tua legada vida...
Condescendente p'ra contigo própria,
Deixa aos certos Letes de fugir
    Vive com a verdade
    No instante dos demónios [?]
Que alhures a saber preso com deles
O céu do Fado, gozam a delícia
    Altiva de viverem
    Onde guardam suas vidas.

159

    Meu gesto que destrue
    A mole das formigas,
Tomá-lo-ão elas por de um ser divino;
Mas eu não sou divino para mim.

    Assim talvez os deuses
    Para si o não sejam,
E só de serem do que nós maiores
Tirem o serem deuses para nós.

Seja qual for o certo,
Mesmo para com esses
Que cremos serem deuses, não sejamos
Inteiros numa fé talvez sem causa.

160

Não mais pensada que a dos mudos brutos
Se fada a humana vida. Quem destina
    Mais que os gados nos campos
    O fim do seu destino?

161

Não morreram, Neera, os velhos deuses.
Sempre que a humana alegria
    Renasce, eles se voltam
    Para a nossa saudade.

162

Não porque os deuses findaram, alva Lídia, choro...
Mas porque nas bocas de hoje os nomes sobrevivem
Mortos apenas, como nomes em pedras sepulcrais.
    Por isso, Lídia, lamento
Que Vênus em bocas cristãs seja uma palavra dita,
Que Apolo seja um nome que usam quantos
Sequentes de Cristo — e a crença lúcida
    Nos deuses puramente deuses,

Tenha passado e ficado, cinza do que era fogo,
Lama do que era água refletindo as árvores,
Tronco morto do que dava fruto e florescia,
    Mas se choro, não creio
Menos que ainda existo, como existem os deuses.

163

No grande espaço de não haver nada
Que a noite finge, brilham mal os astros,
    Não há lua, e ainda bem.
Neste momento, Lídia, considero
Tudo, e um frio que não há me entra
    Na alma. Não existes.

164

No magno dia até os sons são claros.
Pelo repouso do amplo campo tardam.
    Múrmura, a brisa cala.
Quisera, como os sons, viver das coisas
Mas não ser delas, consequência alada
    Em que o real vai longe.

165

Outros com liras ou com harpas narram,
    Eu com meu pensamento.
Que, por meio de música, acham nada

Se acham só o que sentem.
Mais pesam as palavras que, medidas,
　　Dizem que o mundo existe.

166

Quatro vezes mudou a estação falsa
No falso ano, no imutável curso
　　Do tempo consequente;
Ao verde segue o seco, e ao seco o verde;
E não sabe ninguém qual é o primeiro,
　　Nem o último, e acabam.

167

Quero dos deuses só que me não lembrem.
Serei livre — sem dita nem desdita,
　　Como o vento que é a vida
　　Do ar que não é nada.
O ódio e o amor iguais nos buscam; ambos,
Cada um com seu modo, nos oprimem.
　　A quem deuses concedem
　　Nada, tem liberdade.

168

　　Se hás de ser o que choras
　　Ter que ser, não o chores.
　　Se toda a mole imensa

Do mundo ser-te-á noite,
Aproveita este breve
Dia, e sem choro ou cura
Goza-o, contente por viveres
O pouco que te é dado.

169

Sem clepsidra ou sem relógio o tempo escorre
E nós com ele, nada o árbitro scravo
    Pode contra o destino
Nem contra os deuses o desejo nosso.

Hoje, quais servos com ausentes deuses,
Na alheia casa, um dia sem o juiz,
    Bebamos e comamos.
Será para amanhã o que aconteça.

Tombai mancebos, o vinho em nobre taça
E o braço nu com que o entornais fique
    No lembrando olhar
Uma estátua de homem apontando.

Sim, heróis sê-lo-emos amanhã.
Hoje adiemos. E na nossa taça
    O roxo vinho transpareça
Depois — porque a noite nunca tarda.

170

Sob a leve tutela
De deuses descuidosos,
Quero gastar as concedidas horas
Desta fadada vida.

Nada podendo contra
O ser que me fizeram,
Desejo ao menos que me haja o Fado
Dado a paz por destino.

Da verdade não quero
Mais que a vida; que os deuses
Dão vida e não verdade, nem talvez
Saibam qual a verdade.

171

Sob estas árvores ou aquelas árvores
Conduzi a dança,
Conduzi a dança, ninfas singelas
Até ao amplo gozo
Que tomais da vida. Conduzi a dança
E sê quasi humanas
Com o vosso gozo derramado em ritmos
Em ritmos solenes
Que a vossa alegria torna maliciosos
Para nossa triste
Vida que não sabe sob as mesmas árvores
Conduzir a dança...

Apêndice

A.
Poemas lacunares e fragmentos

172

Passando a vida em ver passar a de outros,
Botões de flor de um esforço nunca aberto
Na antiga semelhança com os deuses
    Que andam nos campos
A ensinar aos que as Parcas não ignoram
Como a vida se deve usar, e como
Há outro uso que agrícola dos campos
    E outro das fontes
Que beber delas na hora da sede.
Passando assim a vida, destruindo
O que fiamos ontem □
    Penélopes tristes.

                              11-8-1914

173

Antes de ti era a Mãe Terra scrava
Das trevas súperas que da alma nascem
    E caem sobre o mundo
    Porque atrás o sol brilha.

A realidade ao mundo devolveste
Que haviam os cristãos fechado na alma
    E as portas reabriste
    Por onde Aurora o carro

Ou Febo guie e os dois irmãos celestes
Quando no extremo mastro à noite luzem,
    Mais valham que um luzeiro
    Na ponta de um pau seco.

Restituíste a Terra à Terra. E agora
És parte corporal da própria terra,
    Ou sombra ☐
    Erras nas sombras frias,

Mas ao ouvir-te os povos com que auroras
Do abismo os íncolas as tristes frontes
    Erguem e sentem deuses
    Caminhar pelas sombras.

E eis que de nova luz o abismo se enche
E um céu raia a cobrir o absorto fundo
    Da fauce misteriosa
    Que traga o mal do mundo.

17-11-1918

Quero, da vida, só não conhecê-la.
Bastam, a quem o Fado pôs na vida,

As formas sucessórias
Da vida insubsistente.
Pouco serve pensar que são eternos
Os nossos nadas com que na alma amamos
Os outros pobres nadas
Que ☐
Gratos aos deuses, menos pla incerta
Posse do Sonhado certo, recolhamos
A mercê passageira
De instantes que não duram.

6-8-1923

175

Nada me dizem vossos deuses mortos
Que eu haja de aprender. O crucifixo
Sem amor e sem ódio
Do meu ☐aparto.

Que tenho eu com as crenças que o Cristo
Curvado o torso a mim, latino, morra?
Mais com o sol me entendo
Que com essas verdades...

Que o sejam... Deus a mim não só foi dado
Que uma visão das coisas que há na terra
E uma razão incerta,
E um saber que há deuses...

[6-8-1923]

Se em verdade não sabes (nem sustentas
Que sabes) que há na vida mais que a vida,
Por que com tanto esforço e cura tanta,
    Te afastas de vivê-la?

Por que, sem paraíso que apeteças,
Amontoas riquezas, nem as gastas,
É para teu cadáver que amontoas?
    Gozas menos que ganhas.

Ah, se não tens que esperes, salvo a morte,
Não cures mais que do preciso esforço
Para passar incólume na vida
    De ☐

Sim, gozas. Mas mais rico és que ditoso
Se só para o que perdes gozas,
Menos te o esforço oneraria,
    Sem ele.

Ah servidão irreprimível, nada
Da vida humana subsiste, que sabe
Que morre toda, e gasta-se nas obras
Egoísta de um futuro que não é seu.

Mas respondes-me: E os poemas que screves
A quem os dá futuro? A obra obrigas
E o homem só por semear semeia
O que o Destino manda.

    29-10-1923

177

Para os deuses as coisas são mais coisas.
Não mais longe eles veem, mas mais claro
    Na certa Natureza
    E a contornada vida...

Não no vago que mal veem
Orla misteriosamente os seres,
    Mas nos detalhes claros
    estão seus olhos.

A Natureza é só uma superfície.
Na sua superfície ela é profunda
    E tudo contém muito
    Se os olhos bem olharem.

Aprende pois, tu, das cristas angústias,
Ó traidor à multíplice presença
    Dos deuses, a não teres
    Véus nos olhos nem na alma.

178

Crer é errar. Não crer de nada serve.

                                  28-9-1926

179

Nem relógio parado, nem a falta
Da água em clepsidra, ou ampulheta cheia,
Tiram o tempo ao tempo.

30-1-1927

180

O acaso, sombra que projeta o Fado,
Seus dados lança, e o Destino os soma,
    E recolhem ao copo.

30-1-1927

181

A inconstância dos deuses nos compele
E a força ignota do Destino a tudo.

182

A vida é triste. O céu é sempre o mesmo. A hora
Passa segundo nossa estéril, tímida maneira.
Ah não haver terraços sobre a Esperança.

183

E quanto sei do Universo é que ele
Está fora de mim.

184

Nem destino sabido
Somos cegos, que veem só quem tocam.

185

Nós ao igual destino
Iniguais pertencemos.

186

Quer com amor, que sem amor, senesces.
Antes senescer tendo perdido que não tendo tido.

187

Sempre me leve o breve tempo flui.
Nem dor o faz mais lento.

188

Ser feliz é um jugo, o ser grande
É uma servidão: tudo repugno
Salvo esta majestade.

B.
Odes e poemas variantes

1a

Seguro assento na coluna firme
    Dos versos em que fico.
O criador interno movimento
    Por quem fui autor deles
Passa, e eu sobrevivo, já não quem
    Escreveu o que fez.
Chegada a hora, passarei também
    E os versos, que não sentem
Serão a única restança posta
    Nos capitéis do tempo.

A obra imortal excede o autor da obra;
    E é menos dono dela
Quem a fez do que o tempo em que perdura.
    Morremos a obra viva.
Assim os deuses esta nossa regem
    Mortal e imortal vida;
Assim o Fado faz que eles a rejam.
    Mas se assim é, é assim.

Aquele agudo interno movimento,
    Por quem fui autor deles
Primeiro passa, e eu, outro já do que era,

        Póstumo substituo-me.
Chegada a hora, também serei menos
        Que os versos permanentes.
E papel, ou papiro escrito e morto
        Tem mais vida que a mente.

Na noite a sombra é mais igual à noite
        Que o corpo que alumia.

        29-1-1921

1b

Seguro assento na coluna firme
        Dos versos em que fico.
Aquele agudo interno movimento,
        Por quem fui autor deles
Passa, e eu, outro já que o autor deles,
        Póstumo substituo-me.
Chegada a hora, também serei menos
        Que os versos permanentes.
E papel, ou papiro escrito e morto
        Tem mais vida que a mente.

A obra imortal excede o autor da obra;
        E é menos dono dela
Quem a fez do que o tempo em que perdura.
        Imortais nos morremos.
Durar, sentir, só com os altos deuses unem.
        Nós não somos inteiros.
Assim os deuses esta nossa regem

Mortal e imortal vida;
Assim o Fado faz que eles a rejam.
Mas se assim é, é assim.

29-1-1921

IIIa

O mar jaz. Gemem em segredo os ventos
    Em Eolo cativos,
Apenas com as pontas do tridente
    Franze as águas Netuno,
E a praia é alva e cheia de pequenos
    Brilhos sob o sol claro.
Eu quisera, Neera, que o momento,
    Que ora vemos, tivesse
O sentido preciso de uma frase
    Visível nalgum livro.
Assim verias que certeza a minha
    Quando sem te olhar digo
Que as coisas são o diálogo que os deuses
    Brincam tendo conosco.
Se esta breve ciência te coubesse,
    Nunca mais julgarias
Ou solene ou ligeira a clara vida,
    Mas nem leve nem grave,
Nem falsa ou certa, mas assim, divina
    E plácida, e mais nada.

6-10-1914

IVa

Não consentem os deuses mais que a vida.
Por isso, Lídia, duradouramente
　　Façamos-lhe a vontade
　　Ao sol e entre flores.
Camaleões pousados na Natura
Tomemos sua calma e alegria
　　Por cor da nossa vida
　　Por um jeito[2] do corpo.
Como vidros às luzes transparentes
E deixando cair a chuva triste;
　　Só mornos ao sol quente;
　　E refletindo um pouco.

17-7-1914

VIa

O ritmo antigo que há nos pés descalços
Esse ritmo das ninfas copiado
　　Quando sob arvoredos
　　Batem o som da dança —

Pelas praias às vezes, quando brincam
Ante onde a Apolo se Netuno alia
　　As crianças maiores,
　　Tem semelhanças breves

Com versos já longínquos em que Horácio
Ou mais clássicos gregos aceitavam

A vida por dos deuses
Sem mais preces que a vida.

Por isso à beira deste mar, donzelas,
Conduzi vossa dança ao som de risos
    Soberbamente gregas
    Pelos pés nus e a dança

Enquanto sobre vós arqueia Apolo
Como um ramo alto o azul e a luz da hora
    E há o rito primitivo
    Do mar lavando as costas.

9-8-1914

ixa

Coroai-me de rosas!
Coroai-me em verdade
    De rosas!

Quero toda a vida
Feita desta hora
    Breve.

Coroai-me de rosas
E de folhas de hera,
    E basta!

12-6-1914

ixb

Coroai-me de rosas.
Coroai-me em verdade
   De rosas.

Quero ter a hora
Nas mãos pagãmente
   E leve,

Mal sentir a vida,
Mal sentir o sol
   Sob ramos.

Coroai-me de rosas
E de folhas de hera
   E basta.

xiia

Ad juvenem rosam offerentem

A flor que és, não a que dás, desejo.
Por que me negas o que te não peço?
Tão curto tempo é a mais longa vida,
   E a juventude nela!

Flor vives, vã; por que te flor não cumpres?
Se te sorver esquivo o infausto abismo,
Perene velarás, absurda sombra,
   Buscando o que não deste,

Na oculta margem onde os lírios frios
Da ínfera leiva crescem, e a corrente
Monótona, não sabe onde é o dia,
    Sussurro gemebundo.

                      21-10-1923

XIIIa

Olho os campos, Neera,
Verdes campos, e penso
Em que virá um dia
Em que não mais os olhe.

Isto, se o meditar,
Me toldará os céus
E fará menos verdes
Os verdes campos reais.

Ah! Neera, o futuro
Ao futuro deixemos.
O que não stá presente
Não existe pra nós.

Hoje não tenho nada
Senão os verdes campos
E o céu azul por cima.
Seja isto todo o mundo.

                      27-1-1914

xiiib

Olho os campos, Neera,
Verdes campos, e sinto
Que um dia virá a hora
Em que não mais os olhe.

Tranquilo, apenas gozo,
Como brincando, o orgulho
Da serena tristeza
Filha da visão clara.

6-6-1915

xiiic

Olho os campos, Neera
Verdes campos, e sinto
Como virá um dia
Em que não mais os veja.

Par de árvores cobre
O céu aqui sem nuvens
E faz correr mais triste
A viva e alegre linfa.

Mas por um só momento
Fugaz e passageiro
Esta ideia eu emprego
Para o seu uso triste.

Cedo me volve a calma
Com que me faço o espelho
Do céu imperturbado
E da fonte insciente.

Deixa o futuro, — porque
Não chegou, não é nada;
Só a hora presente
Tem a realidade.

Vive a imperfeita hora
Perfeitissimamente
E sem nada esperares
Dos homens, nem dos deuses.

xva

Este, seu escasso campo ora lavrando,
Ora, cansado, olhando-o com a vista
    De quem a um filho olha
    Passa alegre na vida.
Pouco lhe importa sob que deus arrasta
A vida, louvores doutos ou néscios
    São-lhe a mesma distância
    De todos os seus dias...
Figura eterna longe de cidades,
Passa na vida sob a maior graça
    Que os deuses nos concedem —
    Que é não se nos mostrarem
Nas ativas presenças encobertos

Com o céu e a terra e o riso das searas
    Quais ricos disfarçados
    Dando aos pobres sem glória...

                    27-9-1914

xvia

Não pra mim mas pra ti teço as grinaldas
Que de hera e rosas eu na fronte ponho.
    Para mim tece as tuas
    Que as minhas eu não vejo.

Um para o outro, mancebo, realizemos
A beleza improfícua mas bastante
    De agradar um ao outro
    Plo prazer dado aos olhos.

O resto é o Fado que nos vai contando
Pelo bater do sangue em nossas frontes
    A vida até que chegue
    A hora do barqueiro.

                    30-7-1914

xviia

Não queiras, Lídia, construir no spaço
Que tu te crês futuro, ou prometer-te
    Esta ou aquela vida.

Tu-própria és tua vida.
Sonha teus sonhos onde os sonhos vivem.

Não te destines. Não te dês futura.
Cumpre hoje, e a gestal taça gasta
 Ínscia da que se segue
 E inda vazia enches.

Quem sabe se entre a taça que tu bebes
E a que queres que siga não te a Sorte
 Não interpõe, sábia,
 Toda ☐

xxa

Cuidas tu, louro Flaco, que apertando
Os teus estéreis, trabalhosos dias
 Em feixes de hirta lenha,
 Cumpres a tua vida?
A tua lenha é só peso que levas
Para onde não tens fogo a que aquecer-te
 Nem levam peso ao colo
 As sombras que seremos.
Aprende calma com o céu unido
E com a fonte a ter unido curso.
 Não sejas a clepsidra
 Que conta as horas de outros.

11-7-1914

xxb

In Flaccum

Cuidas tu, louro Flaco, que cansando
Os teus estéreis trabalhosos dias
 Darás mais sorrisos ao campo
E mais sorrisos a Ceres antiga...
Põe mais vista em notares que tens flores
 No teu jardim □

3a

Os deuses desterrados
Os irmãos de Saturno
Às vezes no crepúsculo
Vêm espreitar a vida...

Vêm então ter conosco
Remorsos e saudades...
É a presença deles,
Deuses que o destroná-los
Tornou espirituais,
De matéria divina
Longínqua e inativa...

E o poente tem cores
De tristeza e cansaços
E ouve-se soluçar
Para além das esferas
Hiperion que chora

O seu palácio antigo
Que Apolo lhe roubou...

12-6-1914

12a

Não tenhas nada nas mãos
Nenhuma memória na alma

Que quando te puserem
Nas mãos o óbolo último

Nada terás deixado
Na terra atrás de ti

Tu serás só tu-próprio
E Minos ou Plutão

Não poderão roubar-te
O que nunca tiveste.

Que trono te querem dar
Que Átropos to não tire?

Que Coroa que não fane
No arbítrio de Minos?

Que horas que não te tornem
Da estatura da sombra

Que serás quando fores
O fim da tua estrada?

Colhe as flores. Abdica
E sê rei de ti-próprio.

37a

Não a ti, Cristo, odeio ou menos prezo
Que aos outros deuses que te precederam
    Na memória dos homens.
Nem mais nem menos és, mas outro deus.

No Panteão faltavas. Pois que vieste
No Panteão o teu lugar ocupa,
    Mas cuida não procures
Usurpar o que aos outros é devido.

Teu vulto triste e comovido sobre
A stéril dor da humanidade antiga
    Sim, nova pulcritude
Trouxe ao antigo panteão incerto.

Mas que os teus crentes te não ergam sobre
Outros, antigos deuses que dataram
    Por filhos de Saturno
De mais perto da orige' igual das coisas,

E melhores memórias recolheram
Do primitivo caos e da Noite

         Onde os deuses não são
Mais que as estrelas súditas do Fado.

                              9-10-1916

                 37b

Não a ti, mas aos teus, odeio, Cristo.
Tu não és mais que um deus a mais no eterno
          Panteão que preside
          À nossa vida incerta.

Nem maior nem menor que os novos deuses,
Tua sombria forma dolorida
          Trouxe algo que faltava
          Ao número dos divos.

Por isso reina a par de outros no Olimpo,
Ou pela triste terra se quiseres
          Vai enxugar o pranto
          Dos humanos que sofrem.

Não venham, porém, stultos teus cultores
Em teu nome vedar o eterno culto
          Das presenças maiores
          E eguales da tua.

A esses, sim, do âmago eu odeio
Do crente peito, e a esses eu não sigo,
          Supersticiosos leigos
          Na ciência dos deuses.

Ah, aumentai, não combatendo nunca.
Enriquecei o Olimpo, aos deuses dando
    Cada vez maior força
    Plo número maior.

Basta os males que o Fado as Parcas fez
Por seu intuito natural fazerem.
    Nós homens nos façamos
    Unidos pelos deuses.

                      9-10-1916

38a

Sofro, Lídia, do medo do destino.
A leve pedra que um momento ergue
As lisas rodas do meu carro, aterra
    Meu coração.
Tudo quanto me ameace de mudar-me
Para melhor que seja, odeio e fujo.
Deixem-me os deuses minha vida sempre
    Sem renovar
Meus dias, mas que um passe e outro passe
Ficando eu sempre quasi o mesmo, indo
Para a velhice como um dia entra
    No anoitecer.

60a

Pequena vida consciente
A quem outra persegue
A imagem repetida
Do abismo onde perdê-la.

22-10-1923

62a

A folha insciente, antes que própria morra
    Para nós morre, Cloe,
Para nós, que sabemos que ela morre,
    Assim, Cloe, assim
Antes que os próprios corpos, que empregamos
    No amor, ela envelhece.
Assim, diversos, somos, inda jovens,
    Só a mútua lembrança.
Ah, se o que somos é sempre isto, e apenas
    Uma hora é o que somos,
Com tal excesso e fúria em cada amplexo
    A hausta vida ponhamos,
Que a memória haja vida; e nos beijemos
    Como se, findo o beijo
Único, houvesse de ruir a súbita
    Mole do total mundo.

[27-10-1923]

157a

Flor que colho, ou que deixo,
Teu Destino é o mesmo.

Via que trilho, chegas
Só até onde chego.

Nada somos que valha
Somo-lo com mais

Que só os dias ☐

© *Copyright* desta edição: Editora Martin Claret Ltda., 2022.

DIREÇÃO
Martin Claret

PRODUÇÃO EDITORIAL
Carolina Marani Lima
Mayara Zucheli

DIREÇÃO DE ARTE E CAPA
José Duarte T. de Castro

DIAGRAMAÇÃO
Giovana Quadrotti

REVISÃO
Waldir Moraes

IMPRESSÃO E ACABAMENTO
Ipsis Gráfica e Editora

Este livro segue o novo Acordo Ortográfico da Língua Portuguesa.

Dados Internacionais de Catalogação na Publicação (CIP)
(Câmara Brasileira do Livro, SP, Brasil)

Pessoa, Fernando, 1888-1935.
  Poesia de Ricardo Reis / Fernando Pessoa. — São Paulo: Martin Claret, 2022.

I. Poesia portuguesa I. Título

ISBN 978-65-5910-165-8

22-104016   CDD-869.1

Índices para catálogo sistemático:

1. Poesia: Literatura portuguesa   869.1
Cibele Maria Dias – Bibliotecária – CRB-8/9427

EDITORA MARTIN CLARET LTDA.
Rua Alegrete, 62 – Bairro Sumaré – CEP: 01254-010 – São Paulo, SP
Tel.: (11) 3672-8144 – www.martinclaret.com.br
Impresso – 2022.

CONTINUE COM A GENTE!

- Editora Martin Claret
- editoramartinclaret
- @EdMartinClaret
- www.martinclaret.com.br

Pólen® Natural